누구나 자신을 지키는
호신술 주짓수

한진우 (런 주짓수 체육관 관장) 지음

누구나 자신을 지키는
호신술 주짓수

초판1쇄 인쇄 2020년 8월 3일
초판1쇄 발행 2020년 8월 10일

지은이 한진우

펴낸이 심세은
펴낸곳 ㈜세영출판
브랜드 G-BOOK

주소 서울 종로구 필운대로 56 1층
대표전화 (02)737-5252 팩스 (02)359-5885
전자우편 g-book@naver.com
등록번호 제300-2015-27호
ISBN 979-11-86641-64-4 (03690)

ⓒ 한진우

책값은 뒤표지에 있습니다.
이 책은 ㈜세영출판이 저작권자와의 계약에 따라 발행한 것이므로
본사의 서면 허락 없이 어떠한 형태나 수단으로 이용할 수 없습니다.
파본이나 잘못 인쇄된 책은 구입하신 서점에서 교환해드립니다.

누구나 자신을 지키는
호신술 주짓수

● 프롤로그

주짓수는 자신과 상대방 모두 다치지 않고 안전하게 상황을 통제할 수 있는 유일한 무술이다.

2016년 첫 번째로 스포츠 주짓수 입문 기술서인 《누구나 쉽게 배우는 주짓수 입문》을 선보였고, 2019년 스포츠 주짓수 중·고급 기술서인 《누구나 최강자가 되는 모던 주짓수》를 출간했습니다. 그리고 2020년 주짓수 3부작의 마지막 시리즈인 호신술로서의 주짓수를 소개하는 《누구나 자신을 지키는 호신술 주짓수》를 출간하게 되었습니다.

우리가 흔히 접하는 여러 무술은 실제 상황에서 적용하기 어렵고 과잉 방어의 위험성이 크기 때문에 자신의 몸을 지키기 위한 호신술로는 적합하지 않습니다. 가령 숙련된 격투 능력이 없는 여성이 힘이 강한 남성을 상대로 자신의 몸을 지켜야 할 경우, 주먹이나 발을 이용한 타격으로는 자신을 지키기 쉽지 않습니다. 상대방에게 갑자기 손목을 붙잡혔을 때 이를 비틀어 가볍게 돌려 넘기는 기술 등도 마찬가지입니다. 영화나 드라마 속에서 주인공은 쉽게 상대방 공격에 대응하지만, 실제로 서로를 경계하는 대치 상황 속에서는 결코 사용하기 쉽지 않은 기술입니다.

또한 흉기를 든 상대방을 맨손으로 제압하는 내용 역시 현실성이 떨어집니다. 실제로는 특수 장비를 소지한 경찰 여러 명이 흉기 든 범인 한 명을 제압하는 것도 결코 쉽지 않습니다. 하물며 그런 상황에서 맨손으로 상대방을 이겨내기란 불가능에 가까운 일이라 할 수 있습니다.

권투나 태권도 같은 타격 무술은 자칫 잘못하여 상대방의 급소를 치게 되면 상대방이 큰 부상을 입게 되는 경우가 많습니다. 상대를 업어치기

하는 유도나 레슬링도 마찬가지입니다. 신체가 단련되지 않고 낙법의 기본조차 모르는 일반인에게 업어치기나 태클을 가한다면 과잉방어로 의도치 않은 상황에 이를 수도 있습니다.

  기존 무술이 가지는 제한적인 호신 기능과는 달리 주짓수는 실제 상황에서도 쉽게 적용할 수 있으며, 자신과 상대방 모두 다치지 않고 안전하게 갈등 상황을 통제할 수 있는 유일한 호신술입니다.

  이 책에서는 근본적으로 안전하게 자신을 지키고 상대방에게 부상을 입히지 않는 기술을 지향합니다. 상대방을 먼저 공격하거나 넘어트리는 기술은 최소화하고, 극히 위험한 상황이 아니라면 타격을 이용한 호신술 기술은 가급적 쓰지 않는 것으로 정리했습니다. 또한 과잉방어로 오인받기 쉬운 기술 역시 최대한 배제하고자 했습니다. 다만, 상대방이 무기를 가지고 덤벼들거나 다수의 상대방이 한꺼번에 공격해오는 등, 안전한 공격·방어가 불가피한 상황에서는 본 책에서 소개한 호신술이 적용되기 어렵다는 점 미리 알려드립니다.

  이 책을 통해 '싸움을 잘할 수 있는 무술'이 아니라 '자신과 상대방 모두 다치지 않고 안전하게 상황을 통제할 수 있는 호신술'인 주짓수의 매력을 제대로 느껴보시기 바랍니다.

2020년 7월 한진우

● 추천사

현대사회에서의 호신술, 왜 주짓수여야만 하는가.

　호신술이란, 문자 그대로 해석하면 신체(身)를 보호하는(護) 기술(術)을 말합니다. 즉, 자신의 신체를 지키기 위한 기술이라고 해석하는 것이 일반적입니다. 하지만 실제로 몸싸움이 발생했을 때는 경찰조사까지 받게 되는 경우가 많습니다. 이런 상황에서 호신술의 의미를 단순히 자신의 신체를 보호하는 기술에 한정하는 것이 옳은 것인가 하는 의문이 듭니다. 상대방의 폭력으로부터 자신을 보호하기 위해 맞대응한 것이 결과적으로 상대방을 다치게 하여 형사처벌에 이르는 억울한 경우를 주변에서 쉽게 접할 수 있기 때문입니다.

　그렇다면 법치국가를 지향하는 현대사회에서의 호신술은 단지 '자신의 신체를 보호하는 기술'에 국한하여 해석할 것이 아니라, '자신뿐만 아니라 자신을 공격하는 상대방의 신체도 보호하는 기술'이라고 해석하는 것이 타당할 것입니다. 그리고 호신술이 나아가야 할 방향 역시 자신의 신체만 보호하는 것에 중점을 둘 것이 아니라, 자신을 공격하는 상대방의 안전도 고려하며 제압하는 것에 목적을 두어야 할 것입니다. 그것이 바로 진정한 호신술이라고 생각합니다.

　저는 10년 전에는 무에타이, 레슬링, 주짓수 등의 투기종목을 수련하는 일반인이었고, '불의의 사태가 발생했을 때, 어떻게 하면 내가 다치지 않고 상대방을 제압할 수 있을까?'라는 물음의 답을 찾는 것에만 관심을 가졌습니다. 하지만 변호사라는 직업을 통해 만나게 된 의뢰인들의 억울한 사연을 종종 듣게 되면서, 지금은 '정말 피할 수 없는 불의의 사태가 발생했을 때, 어떻게 하면 상대방을 다치지 않게 제압하여 본인의 안전을 지킬 수 있을까?'를 고민하게 되었습니다. 이는 저뿐만이 아니라 이 책의 저자이자 주짓수를 가르치고 있는 한진우 관장님의 고민이기도 합니다. 특히 저자는 주짓수를 수련하는 사람들이 부상 없이 안전하게 수련할 수 있는 방법을 끊임없이 고민하며 연구하고 있습니다.

《누구나 자신을 지키는 호신술 주짓수》는 이러한 저자의 고민과 연구 성과가 녹아있는 책이라 할 수 있습니다. 이 책은 타인과의 분쟁이 발생했을 때, 자신을 지키기 위한 가장 기본적인 대응방법인 거리유지를 비롯해 상대방이 공격하고 자신을 방어하는 상황에서 가장 효과적으로 사용할 수 있는 기술 등을 상세하게 설명하고 있습니다. 그뿐만 아니라 공격해오는 상대방의 안전까지 지킬 수 있는 기술들을 소개해 과잉방어의 우려를 최소화할 수 있습니다. 각 동작에 대한 상세한 설명과 정확하게 표현된 사진을 통해 주짓수를 처음 접하는 사람들도 쉽게 따라할 수 있도록 배려한 책입니다.

'주짓수라는 무술이 최강의 무술인가?'라는 질문에는 이견이나 논쟁이 있을 수도 있겠지만 저자의 말처럼 주짓수는 자신을 공격하는 상대방의 안전을 확보하면서 자신을 지킬 수 있는, 호신술의 개념에 가장 잘 부합하는 무술입니다. 또한 일상생활에서의 분쟁은 주로 강자가 약자에게 일방적으로 공격성을 드러내면서 시작되는 것이 대부분이라는 점을 감안할 때, '유능제강(柔能制剛 부드러움이 능히 강함을 제압한다)'을 무도의 목적으로 삼는 주짓수는 약자가 강자를 제압해야 하는 호신술에 가장 적합한 무술이기도 합니다. 약자가 강자를 상대해야 하는 여러 상황에서 주짓수를 중심으로 해법을 제시한 이 책은 호신술로서 주짓수가 가지는 장점을 가장 잘 나타내주고 있습니다.

런 주짓수에서 제자들을 지도하면서도 주짓수인들을 위한 다양한 세미나 등의 홍보 활동과 유소년 주짓수인 육성에도 힘쓰는 이 책의 저자 한진우 관장님의 노고에 깊은 감사를 드립니다. 이 책이 호신술과 주짓수에 관심있는 독자들에게 올바른 방향을 제시하고, 실질적인 도움이 될 수 있기를 기원합니다.

법무법인 선린 변호사 **임원규**

● 추천사

주짓수를 바라보는 3가지 관점

과연 주짓수는 실전인가? 단순한 스포츠인가?

 주짓수를 수련 중이거나 주짓수에 관심이 있는 사람들에게 주짓수가 실전에서 얼마나 부합하는지에 대한 질문을 많이 받곤 합니다. 주짓수의 실전적인 가치는 곧 주짓수의 본질에 대한 또 다른 답이 되기도 합니다. 그렇기에 주짓수를 수련한다면 누구나 한번쯤은 이런 질문에 대해 자신만의 답을 찾아보아야 한다고 생각합니다.

 저는 우선 실전, 스포츠, 호신이라는 세 가지 관점들에 대한 개념을 짚고, 이들이 밀접하게 상호작용하고 있는 이유를 알아보고자 합니다. 이 내용이 주짓수를 수련하고 있거나 관심이 있는 모든 사람들에게 작은 도움이 될 수 있기를 바랍니다.

세 가지 관점의 개념

실전 : 아무런 제약이 없는 상태에서의 결투를 말하며, 상대방을 완벽히 제압하는 것이 목적입니다. 실전에서는 자신은 물론이고 상대방에게 심각한 부상을 입힐 수 있으며, 심한 경우 생명을 위협하게 될 수도 있습니다.

스포츠 : 주짓수를 수련하는 대부분의 도장에서 지도하는 방향으로 정해진 규칙 안에서 수련합니다. 주짓수 시합에서는 규칙(일반적으로 IBJJF룰)에 따라 서로 경쟁하며 승부를 가립니다.

호신 : 실전과 비슷하나 그 목적에 가장 큰 차이가 있습니다. 호신은 상

대방을 이기기 위해서가 아니라 자신의 몸을 방어하는 것을 우선으로 합니다.

위 세 가지 관점은 서로 밀접하게 연관되어 있습니다. 이들의 상호작용을 이해할 때 주짓수 수련방법의 본질에 가까이 다가갈 수 있다고 생각합니다.

주짓수 : 실전 혹은 호신 상황에서 대처하는 방법을 안전하게 훈련하기

보통 주짓수 도장에서는 주짓수를 수련하는 상대에게 내가 습득한 주짓수 기술을 성공시키며 이기는 방법을 배우게 됩니다. 도덕과 주짓수 규칙을 바탕으로 한 스포츠로서의 주짓수를 함께 배우고 경쟁합니다. 무분별한 타격이나 무기류 사용, 눈을 찌르는 등의 극히 실전적인 부분은 다루지 않습니다. 스포츠 주짓수만으로도 다양한 상황을 가정하여 훈련하므로 실전적인 목적도 상당부분 충족시켜주기 때문입니다. 간혹 스포츠 주짓수 이상의 실전 결투를 배우기를 희망하는 사람도 있습니다. 하지만 실전을 실제로 연습하는 곳을 찾기란 쉽지 않습니다. 생명을 위협하는 심각한 부상을 감수하며 연습하는 것 자체를 원하는 사람은 없기 때문이죠.

무기를 배제한 격투 상황을 가정했을 때, 실전과 가장 근접한 스포츠는 바로 현대의 종합격투기를 탄생시킨 주짓수입니다. 주짓수는 두 사람이 서서 겨루게 되는 기본적인 상황부터 자신이나 상대방이 넘어지거나 누운 상태로 바닥에서 뒤엉켜 겨루는 극한 상황까지 설정해두고, 이런 다양한 상황들을 이해하여 적절하게 대처할 수 있게 합니다. 다양한 상황 설정에 대한 이해를 기반으로 하는 주짓수의 시스템은 지금 이순간에도 끊임없이 발전하고 있습니다.

사람들은 다이어트나 체력향상 등의 자기 관리나 호신 등 평범한 목적을 가지고 주짓수를 배우기 시작합니다. 이에 맞춰 대부분의 주짓수 도장은 스포츠 주짓수의 관점을 바탕으로 수업을 진행합니다. 제대로 그리고 꾸준하게 주짓수를 수련한다면, 내 몸을 방어하는 호신으로서의 주짓수도 금세 몸에 익힐 수 있게 됩니다. 그뿐만 아니라 실전적인 목적을 원하던 사람들의 목적도 상당부분 채워줄 수 있습니다.

주짓수 지도자로서의 사명은 어떠한 관점의 주짓수라도 안전하고 즐겁게 수련하도록 돕는 것입니다. 이 글이 주짓수를 처음 배워보고자 하는 사람들이나 수련중인 사람들이 수련의 목적을 정하고 수련에 임하는 자세를 갖추는 데에 작게나마 도움이 될 수 있기를 바랍니다.

> 스포츠 주짓수와 실전 주짓수로 나눈다는 것은, 마치 각기 다른 매력을
> 지닌 두 미녀의 아름다움을 비교하는 것일지도 모른다.
> 실전 상황에서 스포츠 주짓수는 마술과 같은 도구로 변할 것이다.
>
> 헨조 그레이시(Renzo Gracie)

헨조 그레이시 코리아·건 주짓수 아카데미 대표 **나건**

목차

프롤로그   004

추천사
현대사회에서의 호신술, 왜 주짓수여야만 하는가.   006

추천사
주짓수를 바라보는 3가지 관점   009

PART 01 | 호신술로서의 주짓수

01. 싸움은 의도치 않게 일어날 수 있다.   016
02. 평화를 원하거든 전쟁을 준비하라!   017
03. 왜 주짓수인가?   018
04. 호신술의 최종 목적은 '상황통제'이다.   020
05. 호신술은 정신적인 수련도 필요하다.   021
06. 기술은 힘을 만났을 때 완벽해진다.   022
07. 나만의 진돗개(긴급상황 대응법) 코드를 만들어보자.   024
08. 고성과 욕설이 난무하는 상황을 가정하고 연습하라.   025
09. 상상할 수 있는 모든 최악의 상황에 대비하라.   026
10. 너무 공격적인 호신술은 과잉방어의 위험이 높다.   027
11. 여담. 실전에서 가장 승률이 높은 싸움법은?   028

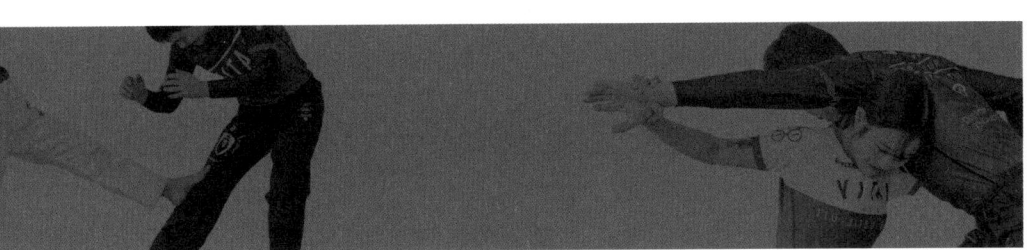

PART 02 | 호신술 주짓수 수련 전 준비

01. 안전을 위한 첫 단계, 나만의 안전거리를 설정하자. — 032
02. 상대를 끌어안아서 불편하게 하자. — 036
03. 호신술에서 태클이나 메치기는 절대 금물 — 040
04. 상대방과 안전하게 거리를 좁힐 수 있는 방법 — 041
05. 불리한 자세를 뒤집자! 리버설 — 042

PART 03 | 호신술 주짓수 상황별 대응법

시나리오 01. 클로즈드 가드를 배워보자! — 052
시나리오 02. 손목을 잡혔을 때 대응법 — 090
시나리오 03. 밀려 넘어져서 공격을 당하는 상황 — 098
시나리오 04. 신경전을 벌이던 상대방이 뺨을 치려 할 때 — 118
시나리오 05. 상대방이 헤드락을 걸고 주먹으로 얼굴을 치려고 할 때 — 132
시나리오 06. 상대방이 달려들어 허리를 감았을 때 — 145
시나리오 07. 상대방이 몸 위로 올라타서 공격할 때 — 159
시나리오 08. 누운 상태에서 상대방이 다리 사이로 공격할 때 — 178
시나리오 09. 상대방이 옆에서 누르면서 공격할 때 — 187
시나리오 10. 상대방이 뒤에서 몸을 감아 공격할 때 — 208
시나리오 11. 상대방을 안전하게 넘어트리는 방법 — 223
시나리오 12. 최악의 상황에서 사용할 수 있는 기술 — 246

호신술로서의 **주짓수**

01 | 싸움은 의도치 않게 일어날 수 있다.

대부분의 사람들은 평화를 추구해 남과 언쟁을 벌이거나 다투는 상황을 원하는 사람은 거의 없습니다. 타인에게 피해를 주지 않기 위해 최대한 노력하며 불편한 상황을 만들지 않고자 노력하지요. 하지만 모든 것이 노력한대로만 되는 것은 아닙니다. 길을 걷다 어깨를 부딪혀 시비가 붙기도 하고, 즐거운 술자리에서 예상치 못한 다툼에 휘말리게 되기도 합니다. 가장 안전한 보금자리인 집에서도 쿵쿵하고 끊임없이 울려대는 층간소음이나 좁은 주차공간으로 인해 겪게 되는 주차시비 등, 갈등과 다툼은 언제 어디서나 존재합니다.

설령 자신에게는 잘못이 없고, 상대방의 일방적인 잘못으로 다툼이 생겼다 하더라도 상대방이 그 잘못을 인정하지 않고 언성을 높이다 보면 이내 물리적인 폭력으로 이어지기도 합니다. 물리적 폭력은 부상으로 이어지는데 이는 단지 신체적뿐만 아니라 정신적으로도 영향을 미쳐 자존감이 하락하고, 대인기피증이 생기는 등 정신적 외상도 생기게 됩니다.

의도치 않게 생긴 시비나 언쟁은 원만하게 해결하는 것이 가장 좋지만, 불가피한 경우 우리는 어떻게 대응해야 할까요?

02 | 평화를 원하거든 전쟁을 준비하라!

'정의가 없는 힘은 폭력이고, 힘이 없는 정의는 무능이다.'

극진공수도를 창시한 최배달 선생님의 말씀입니다. 아무리 높은 이상과 숭고한 도덕을 추구하더라도 힘이 없다면 불의한 폭력 앞에 무릎을 꿇을 수밖에 없습니다. 세계는 평화를 추구하지만 대다수의 국가는 전쟁을 대비해 군대를 조직하여 훈련을 합니다.

이렇듯 개인도 자신에게 발생할 수 있는 정신적·물리적 분쟁에 대비하는 훈련을 해두는 것이 좋은데, 그것이 바로 호신술입니다.

호신술은 몸을 보호하기 위한 무술을 말합니다. 남자아이들의 기본처럼 여겨지는 태권도나 합기도부터 하계 올림픽이 열릴 때마다 흥미진진하게 관람하게 되는 유도나 레슬링 등, 다양한 무술이 호신술이라는 이름으로 소개됩니다. 하지만 여러 무술 중에서 호신술로 가장 적합한 무술은 바로 주짓수입니다.

03 | 왜 주짓수인가?

호신술로서 주짓수를 추천하는 이유는 다음과 같습니다.

첫째, 주짓수는 '싸움을 잘하기 위한 무술'이 아니라 '자기를 지키기 위한 무술'입니다.

주짓수는 공격보다 방어적인 부분에 중점을 두고 있어 상대방에게 불의의 공격을 당했을 때 자신과 상대 모두 부상 없이 안전하게 상황을 종료시킬 수 있습니다.

둘째, 주짓수는 가장 현실적인 무술입니다.

DANGER! 현실은 액션 영화같지 않음

WARNING! 싸울때 대부분 엉겨붙음

시비를 걸어오는 다수의 깡패들을 맨손으로 물리치는 영화나 드라마 속 주인공의 화려한 액션을 과연 현실에서도 볼 수 있을까요? 현실에서의 싸움은 멱살이나 머리끄덩이를 움켜쥐고 실랑이를 하거나 서로에게 닿지 않는 주먹질이나 발길질이 수차례 오고 가다 결국 서로 끌어안고 뒹구는 모양새가 대부분입니다. 주짓수는 이러한 현실적인 싸움에서 상대방을 제압하는데 특화된 무술입니다.

셋째, 주짓수는 과잉방어의 위험성이 가장 낮습니다.

몇 년 전, 집으로 들이닥친 도둑을 공격했다가 오히려 과잉방어로 인한 상해치사죄를 짓게 되어 이것이 진정 정당방위인가 하는 문제가 대두된 적이 있습니다. 상대방이 먼저 걸어온 폭력에 맞대응하다 그것이 치명상이 되어 돌이키지 못할 사건이 되는 것은 결코 영화 속 이야기가 아닙니다.
주짓수는 타격 기술을 사용하지 않고 상대방의 공격을 방어하기 때문에 과잉방어로 인한 법적 처벌을 받을 소지가 가장 적습니다.

넷째, 주짓수는 약한 사람이 배우기에 최적화된 무술입니다.

주짓수는 약한 사람이 강한 사람을 이길 수 있는 확률을 최대한 높여줍니다.
물리적으로 체격이 작은 사람이 체격이 큰 사람을 이기기는 어렵고, 여성이 남성을 이기기도 어렵습니다. 어린이가 성인을 이기기도 쉽지 않지요. 하지만 주짓수는 약한 사람이 이길 수 있는 확률을 높여줍니다. 대부분의 무술이 신체 일부분에 힘을 집중하여 상대방을 공격하는데 반해 주짓수는 몸 전체의 힘을 이용하여 상대를 제압합니다. 주짓수 기술의 요령을 알게 되면 작은 힘으로도 강한 상대를 제압할 수 있게 됩니다.

04 | 호신술의 최종 목적은 '상황통제'이다.

이 책에서 소개하는 주짓수를 이용한 호신술의 최종 목적은 본인이 원하는 방향으로 상황을 통제하는 것입니다.

우선 대화로 상대방과의 문제를 해결하기 위해 노력합니다. 하지만 이런 평화적인 방법으로 문제가 해결되지 않아 물리적인 폭력에 이르게 되었을 때는 타격이나 반칙기술 등 통제할 수 없는 영역을 최소화하고 클린치나 그라운드 등 자신이 통제할 수 있는 영역으로 상대방을 끌어들여 싸움 당사자 모두 부상없이 상황을 종료시키는 것이 이상적입니다.

그렇기 때문에 주짓수를 수련할 때는 최악의 상황을 가정하고, 어떠한 순간에도 안전하게 자신을 지키며 벗어날 수 있는 기술을 연습해야 합니다. 이런 연습을 반복하다 보면 실제로 그런 상황에 처해도 당황하지 않고 '어떤 상황에서도 자신을 지킬 수 있다'는 자신감이 생깁니다.

05 | 호신술은 정신적인 수련도 필요하다.

혹자는 호신술이란 열심히 힘을 기르고 무술을 배워 익히면 되는 것이라고 생각합니다. 하지만 모든 것은 오로지 마음이 지어내는 것임을 뜻하는 '일체유심조(一切唯心造)'라는 말처럼 기술 수련 못지않은 정신 무장도 상당히 중요합니다.

특히 정신 단련은 물리적 충돌이 발생하는 분쟁상황 외에도 인생을 살아가는 데 큰 힘이 됩니다. 자신의 권리가 침해될 때 당당하게 부당함을 주장하거나 자신이 생각하는 바를 확실하게 표현할 수 있게 해주는 등, 삶을 살아가는데 온전하게 자신을 지키고 내세울 수 있는 자신감과 자존감을 키워줍니다.

06 | 기술은 힘을 만났을 때 완벽해진다.

주짓수는 약한 사람이 강한 사람을 이길 수 있는 확률을 높여주지만 그 전제 조건은 강한 사람에게 맞설 수 있는 최소한의 힘을 가지고 있어야 한다는 것입니다. 앞서 말했듯 체격이 작은 사람이 큰 사람을, 여성이 남성을, 어린이가 성인을 물리적인 싸움으로 이기기란 어려운 일이지만, 과학적인 원리로 구성된 주짓수 기술을 통해 상대적으로 힘이 약한 사람도 강한 사람을 이길 수 있게 됩니다. 이 책에서 소개하는 '암바'를 예로 들어 보겠습니다. 암바를 다른 말로는 '팔 가로 누워 꺾기'라 부릅니다. 상대방의 한쪽 팔을 자신의 두 다리와 두 팔로 감싸고 지렛대의 원리로 몸통의 힘을 사용하여 상대방의 팔꿈치를 꺾는 기술입니다. 제압당하는 상대방의 힘이 아무리 강하더라도 전신의 힘을 사용하기 때문에 이길 수 있게 됩니다(물론, 드문 일이지만 분명 상대방의 한쪽 팔을 잡았는데 마치 다리를 잡은 것 같은 느낌을 주는 '괴물'같은 사람도 있긴 합니다).

하지만 아무리 주짓수의 기술을 잘 습득한 사람이라 할지라도 최소한의 힘과 체력을 갖추지 못하면 의미가 없습니다. 또한 주짓수 기술을 익혔다고 해서 모든 싸움에서 이길 수도 없습니다. 체격 차이가 큰 경우에는 상대방에게 제압당하지 않고 버틸 수 있기만 해도 대단하다 할 수 있는데, 이런 능력을 발휘할 수 있게 돕는 무술이 바로 주짓수입니다.

다시 강조하자면, 최소한의 힘과 체력을 갖고 있다는 전제하에, 주짓수는 약한 사람이 강한 사람을 상대로 살아남거나 이길 수 있는 확률을 최대로 높여주는 무술입니다. 주짓수 수련과 더불어 기술을 활용할 수 있는 힘도 같이 키우시길 바랍니다.

07 | 나만의 진돗개(긴급상황 대응법) 코드를 만들어보자.

미국 군대의 '데프콘', 대한민국 군대의 '진돗개' 등 각국의 군대는 적과의 긴장 상황에 따라 단계별 대응 전략을 갖추고 있습니다. 특정 상황에 대한 대응 매뉴얼을 미리 갖추두면 갑작스러운 상황에서도 적절하게 대응할 수 있습니다.

개인 간의 싸움도 마찬가지입니다. 의도치 않은 상황에서 갑작스럽게 일어난 싸움은 자칫 큰 피해를 불러오기도 합니다. 이를 대비하여 개인간의 분쟁 상황에 따른 단계별 대응전략을 미리 갖추어둔다면, 어떤 상황에서든 당황하지 않고 무사히 극복할 수 있을 것입니다.

호신술 주짓수로 유명한 해외 주짓수 아카데미에서는 '3T' 대응법을 소개하기도 합니다. 'Tell(대화)', 'Talk(경고)', 'Tackle(물리적 대응)' 등으로 상대에 행동에 따른 단계적 대응법을 지도합니다. 분쟁상황이 일어났다고 해서 무조건 물리적으로 대응하기보다, 가벼운 상황에서는 대화를 시도하거나 상대방에게 가볍게 경고를 하는 등 비폭력적인 수단으로 자신을 지키는 것이 가장 좋습니다.

08 | 고성과 욕설이 난무하는 상황을 가정하고 연습하라.

분쟁 상황에서는 좋은 대화보다는 고성과 욕설이 난무하는 경우가 많습니다. 대화로 상황을 무마시키고자 하다가도 상대방이 고성과 욕설로 맞서며 무도에서는 쓰지 않는 폭력을 휘두른다면, 오랫동안 무술을 수련한 사람이라도 당황하여 실력을 발휘하지 못하는 경우가 생기기도 합니다. '무술의 고수보다 길거리 싸움꾼이 훨씬 실전에 강하다'는 속설처럼 말이죠.

왜 이런 상황이 발생할까요? 무술 수련은 안정된 환경에서 이루어집니다. 조용한 분위기에서 예의바른 상대에게 오롯이 집중할 수 있고, 편한 복장에 주변에는 장애물도 없습니다. 하지만 실전은 다릅니다. 수많은 인파가 주위를 둘러쌀 수도 있고, 지켜야할 사람이 곁에 있을 수도 있습니다. 차량이 오가는 거리일 수도 있고, 테이블과 의자가 놓인 실내일 수도 있습니다. 거기에 시비를 걸어오는 상대방의 고성과 욕설에 상대방이 어떤 사람인지 파악조차 되지 않지요. 무술 수련과는 전혀 다른 상황입니다. 온전히 자신의 기술을 펼치기에 결코 쉽지 않은 상황인 것입니다. 따라서 평소에도 이런 극한의 상황을 가정하고 수련하는 것이 좋습니다.

09 | 상상할 수 있는 모든 최악의 상황에 대비하라.

권투에서는 발차기가 금지되고, 킥복싱에서는 그라운드 상황이 금지됩니다. 주짓수에서는 타격이 반칙이지요. 이와 같이 모든 무술은 고유의 반칙 규정과 더불어 상대방에게 심각한 부상을 입힐 수 있는 공격행위를 제한하고 있습니다. 머리카락 잡기, 깨물기, 눈 찌르기, 후두부 가격, 박치기, 낭심 차기, 경추 및 척추에 부상을 입힐 수 있는 기술 등은 엄격히 금지됩니다. 하지만 실제 싸움 상황에서는 흥분한 상대가 위에서 언급된 위험한 기술들을 사용할 수 있습니다. 그러므로 어떤 상황에서도 자신을 지킬 수 있는 충분한 대비가 있어야 합니다.

10 | 너무 공격적인 호신술은 과잉방어의 위험이 높다.

DANGER! 과잉 방어시에 법적 처벌 위험

WARNING! 타격은 상대방에게 큰 부상 유발

'가진 것이 망치뿐이면 모든 문제가 못으로 보인다'라는 말이 있습니다. 타격을 기반으로 하는 호신술은 자신의 몸을 지켜야 할 상황에서도 주먹과 발차기로 상황을 해결해야 합니다. 하지만 문제는 이런 타격이 너무 강하다는 것입니다. 전쟁처럼 폭력이 무제한으로 허용되거나 좀비 영화처럼 극한의 생존 투쟁상황이 아닌 이상 이러한 지나친 타격을 일상에서 사용할 일은 흔치 않습니다. 자신을 지키기 위해 사용한 호신술이라 할지라도 과도한 타격으로 억울하게 법적처벌에 이르게 되는 경우도 발생합니다. 호신술 주짓수는 '제압'보다는 '안전'에 가치를 둔 무술입니다. 무분별한 공격으로 상대방을 제압하기보다는, 자신은 물론이고 상대방까지도 염려하여 안전하게 상황을 해결할 수 있지요. 이에 주짓수를 젠틀 아트(Gentle Art)라 부르기도 합니다. 이러한 점에 비추어 볼 때, 타격을 사용하지 않고 상대로부터 자신을 방어할 수 있는 무술인 주짓수가 현대사회, 특히 흉기를 이용한 다툼이 적은 우리나라에서 사용하기에 가장 적합한 호신술이라 생각합니다.

11 | 여담. 실전에서 가장 승률이 높은 싸움법은?

무기를 들고 생사를 겨루는 진짜 실전에서는 어떤 무기를 사용하는 것이 좋을까요? 로마시대 콜로세움에서 목숨을 걸고 격돌하던 '검투사(글래디에이터)'들의 사례를 들어봅시다.

검투사들은 각자가 추구하는 방식으로 실전에 임했습니다. 영화 속에서처럼 멋을 중시하며 보는 재미를 주었던 검투사도 있었지만 아무래도 목숨을 건 싸움이었기에 승률을 중시했지요. 여러 검투사들 중에서 가장 승률이 높았던 검투사는 바로 레티아리라 불리는 어부 파이터였습니다. 그들은 어부를 흉내내어 그물과 삼지창, 단검을 사용해 싸움에 임했는데 다른 검투사들에 비해 그다지 멋있는 모습은 아니었다고 합니다. 상대에게 그물을 던져 움직이기 어렵게 한 후, 삼지창으로 찌르는 것이 필승 공식이었다고 전해집니다. 레티아리의 승률이 너무 높아 뻔한 경기가 되자 나중에는 방어장비인 그물을 없애고 싸우게 했는데, 그럼에도 불구하고 승률이 가장 높았다고 합니다.

화려한 발차기나 상대방을 제압하는 멋진 공격은 없지만 어느 무술보다 효율적으로 실전에 대응할 수 있는 주짓수야말로 멋지거나 화려하진 않지만 실전에 강했던 레티아리와 비슷하다고 할 수 있겠습니다.

interview

주짓수 수련 사례(성인 여성)

Q. 이름과 소속 체육관을 소개해주세요.
A. 런 주짓수에서 수련 중인 김보경입니다.

Q. 주짓수를 시작하게 된 계기는 무엇인가요?
A. 규칙적인 생활을 위해 운동을 해야겠다고 마음먹고 적합한 운동을 찾던 중에 주짓수를 접하게 되었습니다. 체력을 기르는 동시에 실용적인 기술을 습득할 수 있는 운동이라 생각되어 주짓수를 선택했습니다.

Q. 주짓수를 수련하기 전과 수련한 후 달라진 점은 무엇인가요?
A. 체격이 왜소한 편이라 다소 소극적인 인상을 주는 편이었습니다. 하지만 주짓수 수련 후 몸의 움직임이 경쾌해졌고, 근력이 향상되어 몸도 단단해졌습니다.

Q. 현재 운동하고 계신 체육관의 분위기는 어떠한가요?
A. 연령대에 따라 유아부터 청장년에 이르기까지 각자 적합한 시간대에 수련합니다. 성인부의 경우 부상에 주의하면서 서로 존중하고 예의를 갖추어 수련하고 있습니다.

Q. 호신술로서의 주짓수는 어떠한 장점이 있다고 생각하나요?
A. 방어를 위한 기술이라는 점이 매력적입니다. 공격성을 배제하면서도 스스로 자신감을 가지고 상대에게 주눅 들지 않는 마음가짐과 태도를 기를 수 있다고 생각합니다.

Q. 위기상황이 닥쳤을 때 지금 수련하고 있는 주짓수로 자신의 몸을 지킬 수 있다고 믿나요?
A. 그렇습니다. 우선 겁먹지 않고 대화를 시도할 수 있을 것이며, 체격차이가 현저하게 큰 상대라도 나의 피해를 최소화하면서 방어를 할 수 있을 것이라고 생각합니다.

Q. 주짓수 입문을 고민 중이신 여성분들께 전하고 싶은 말씀이 있나요?
A. 고민할 이유가 없습니다. 저는 주짓수를 처음 알게 된 후로 시작하기까지 1년이나 망설였습니다. 효용성, 거친 훈련에 대한 걱정, 부담스러운 신체접촉에 대한 의구심, 과연 내가 잘 수련할 수 있을지에 대한 걱정으로 많은 고민을 했지만, 지금은 주짓수를 시작한 것이 인생에서 가장 잘 내린 결정 중 하나라고 자부할 수 있습니다.

호신술 주짓수
수련 전 준비

01 | 안전을 위한 첫 단계, 나만의 안전 거리를 설정하자.

어떤 연구 결과에서는 관계별 불편함을 느끼지 않는 적정한 사회적 거리를 아래와 같이 구분하고 있습니다.

친분에 따라 적정한 사회적 거리가 구분된다는 이 내용은 호신술 주짓수에서도 동일하게 적용됩니다.

호신술 주짓수에서는 그린존(Green Zone), 옐로우존(Yellow Zone), 레드존(Red Zone), 클린치존(Clinch Zone)의 4단계로 안전거리를 구분합니다.

그린존 : 상대방이 발과 주먹을 휘둘러도 닿지 않을 안전한 거리

옐로우존 : 상대방이 앞으로 몸을 내밀면서 발과 주먹을 휘두르면 맞을 수 있어 주의해야 할 거리

레드존 : 휘두르는 발차기나 주먹, 박치기 등 다양한 공격에 노출되는 위험한 거리

클린치존 : 상대방과 밀착되어 주먹이나 발로 때리기가 불편한 거리

일반적으로 호신술 주짓수의 기본 전략은 그린존에서 대화로서 해결을 시도하다가 옐로우존으로 진입하는 상대에게 1차 경고, 그 후 레드존에서 상대방의 공격을 피해 빠르게 클린치존으로 진입하는 것입니다.

이해하기 쉽게 물가에서 벌어지는 사자와 악어의 싸움으로 비유를 해보겠습니다.

악어를 호신술 주짓수 수련자로 가정해보겠습니다. 사자는 끊임없이 악어를 물가 밖으로 끌어내려 할 것입니다. 그런 사자의 도발에 휘말린 악어가 물가를 벗어나 땅으로 올라가면 악어는 사자의 공격을 받게 됩니다. 악어가 이길 수 있는 방법은 간단합니다. 사자의 도발에 넘어가지 않고 물가 가장자리에서 맴돌다가 사자가 실수로 물에 발을 딛는 순간 빠르게 사자의 발을 물고 물속으로 끌어당겨야 합니다

호신술 주짓수 수련자들은 악어와 같은 마음으로 자신에게 불리한 상황을 피하며 기회를 엿보다가, 상대방의 빈틈이 보이는 순간 상대방을 끌어들여 자신에게 유리한 상황을 만들어야 합니다.

02 상대를 끌어안아서 불편하게 하자.

기본적으로 주짓수는 상대와 밀착하여 싸우는 무술입니다. 칼싸움으로 비유를 하자면 단검을 들고 싸우는 것과 같다고 할까요. 상대방이 발과 주먹을 사용하지 못하게 바짝 접근하여 자신에게 유리한 상황으로 이끌어가는 것이 호신술 주짓수의 기본 전략입니다. 어떠한 자세에서도 다양한 그립으로 상대방을 끌어안아 공격할 기회를 주지 않고 주짓수 기술을 사용할 기회를 노립니다.

• 스탠딩 클린치

TIP❶ 자신의 머리 쪽으로 당김
TIP❷ 중심을 낮게 유지
TIP❸ 다리를 넓게 벌림
TIP❹ 다리를 걸어 넘길 수 있음

• 더블 언더훅

• 언더 오버훅

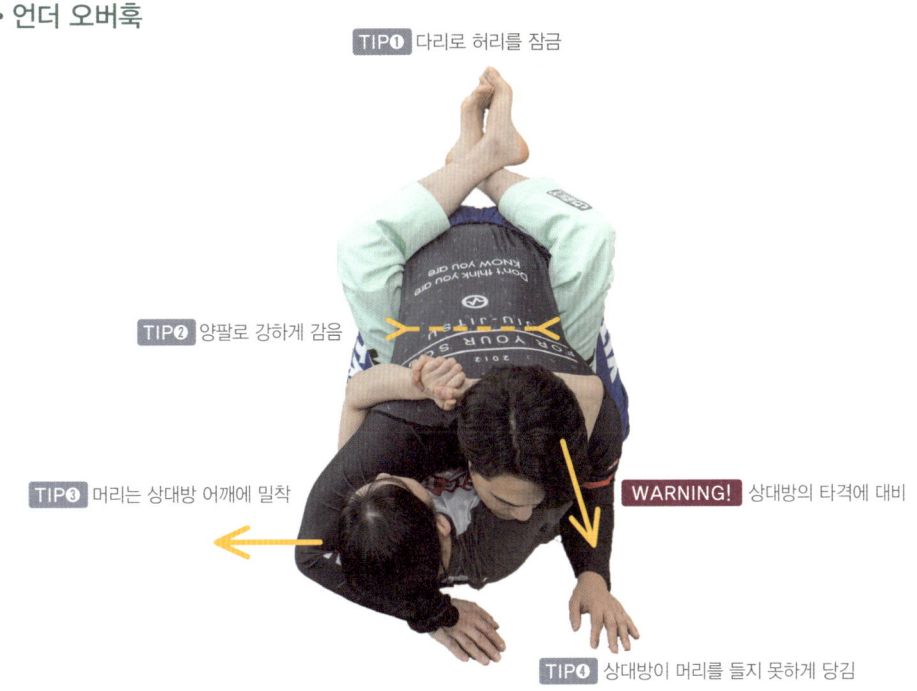

• 더블 오버훅

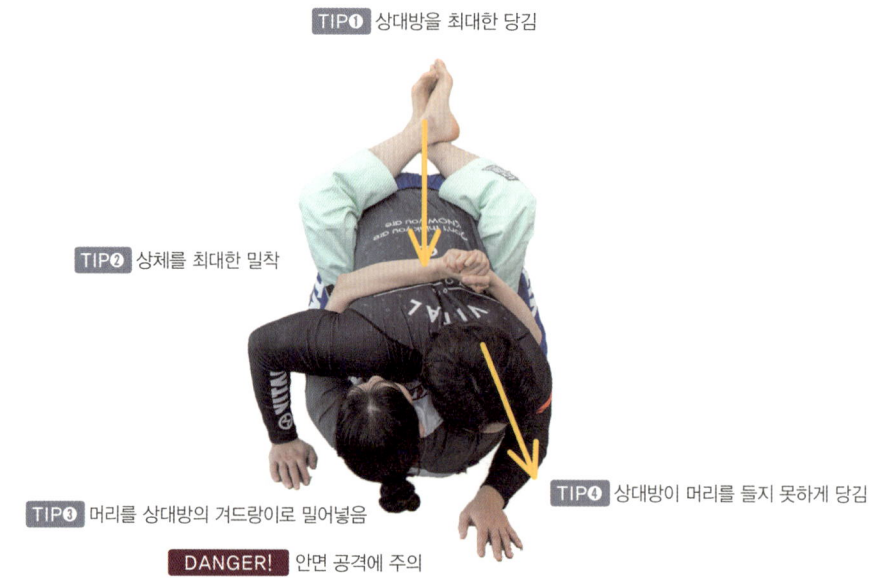

TIP① 상대방을 최대한 당김
TIP② 상체를 최대한 밀착
TIP③ 머리를 상대방의 겨드랑이로 밀어넣음
TIP④ 상대방이 머리를 들지 못하게 당김
DANGER! 안면 공격에 주의

• 암 트라이앵글 그립

TIP⑤ 다리를 풀어 훅을 걸 수 있음
TIP① 팔로 목을 감아 돌림
TIP② 상대방 어깨와 밀착
TIP③ 팔 그립은 암트라이앵글
TIP④ 엉덩이를 옆으로 이동
WARNING! 상대방의 주먹에 주의

• 길로틴 그립

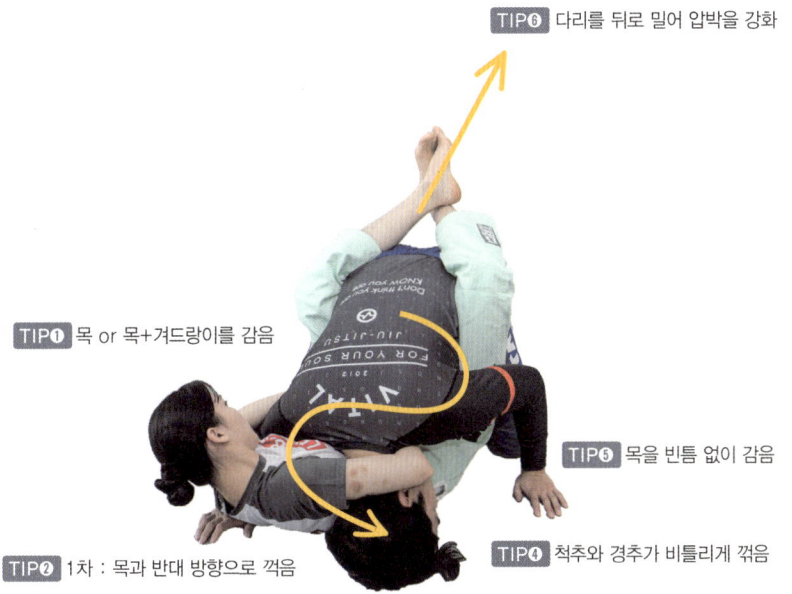

TIP❻ 다리를 뒤로 밀어 압박을 강화

TIP❶ 목 or 목+겨드랑이를 감음

TIP❺ 목을 빈틈 없이 감음

TIP❷ 1차 : 목과 반대 방향으로 꺾음

TIP❹ 척추와 경추가 비틀리게 꺾음

TIP❸ 2차 : 목 방향으로 꺾음

03 | 호신술에서 태클이나 메치기는 절대 금물

태클이나 메치기는 상대방이 넘어지거나 떨어져 몸을 다치는 낙상(落傷)을 당할 수 있습니다. 특히 주로 시비가 붙는 길거리는 바닥이 딱딱해 충격을 흡수해주지 못하며, 돌이나 유리조각 등 날카로운 물체가 바닥에 널려있어 큰 부상을 입을 수도 있습니다. 만에 하나 상대방의 머리가 바닥에 부딪히기라도 한다면 치명상을 입게 됩니다. 이 책에서 정의하는 호신술 주짓수의 목적은 자신과 상대방 모두 다치지 않고 상황을 종료시키는 것입니다. 그러므로 호신술 주짓수에서 아주 위급한 상황이 아니라면 태클이나 메치기는 절대 금지입니다.

04 | 상대방과 안전하게 거리를 좁힐 수 있는 방법

호신술 주짓수에서는 유리한 상황을 만들기 위해 상대방의 주먹이나 발차기 공격이 있기 전에 빠르게 상대방과 몸을 밀착시켜야 합니다. 예를 들어 상대방이 양손으로 자신의 어깨를 밀칠 때, 상대방의 손목을 잡아 순간적으로 들어올린 후, 상대방의 몸통을 빠르게 끌어안습니다. 그 다음 상대방의 뒤로 이동하거나 바닥으로 끌어 내려 상황을 통제합니다.

05 | 불리한 자세를 뒤집자! 리버설

리버설이란 불리한 포지션을 역전시키는 것으로, 넘어졌을 때 빠르게 움직여 유리한 포지션을 확보하거나 불리한 상황을 유리한 상황으로 전환시키는 것을 의미합니다. 호신술 주짓수를 수련할 때에는 낙법과 리버설을 결합해서 연습합니다.

1. 상대방에 밀려 옆으로 넘어졌을 때 리버설

상대방에 밀려 옆으로 넘어졌을 때는 상대방의 힘을 이용하여 밀렸던 방향으로 상대방을 돌립니다.

상대방의 체격이 크거나 상대방이 버티려 할 때는 팔로 상대방 몸쪽을 밀며 회전시킵니다. 상대방을 넘긴 후에는 빠르게 몸 위로 올라가 유리하게 자세를 잡습니다.

2. 상대방에게 등을 잡힌 경우 리버설

상대방에게 등을 잡힌 경우, 상대방이 자신을 끌어안고 중심을 뒤로 낮추기 전에 상체를 빠르게 숙여 상대방의 중심을 앞으로 쏠리게 합니다.

그 다음, 앞으로 상체를 회전시키면서 상대방을 바닥으로 넘어트립니다. 하체까지 회전하면 다시 등을 잡힐 수도 있으므로 하체는 회전하지 않습니다.

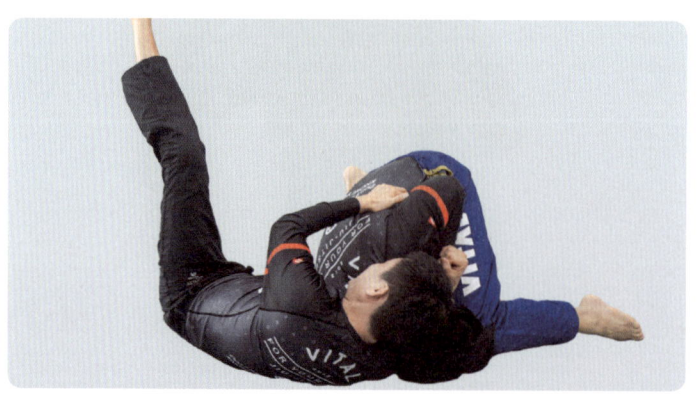

3. 상대방에게 정면에서 밀려 넘어졌을 때 리버설

상대방에게 정면으로 밀려 넘어질 때 손으로 바닥을 짚으면 손목이나 팔꿈치를 다칠 수도 있습니다. 이때는 상대의 목이나 겨드랑이를 팔로 감고 몸을 둥글게 만들면서 바닥에 주저앉아 상대를 넘깁니다. 이때 밀리는 힘을 그대로 살리면서 머리가 바닥에 부딪히는 것을 막고 어깨 쪽으로 회전합니다.

상대가 무겁거나 버티면서 넘어가려 하지 않을 때는 발로 상대방 다리 안쪽을 걸고 차올리며 넘깁니다.

상대방을 회전시켜 바닥으로 보낸 다음, 몸을 바짝 낮추어서 제압하기 쉬운 자세를 유지합니다.

호신술 주짓수
상황별 대응법

시나리오 01 | 클로즈드 가드를 배워보자!

1. 그라운드 포지션의 기본 클로즈드 가드

클로즈드 가드는 바닥에서 두 다리로 상대방의 몸을 감아 상대방의 움직임을 제한한 상태에서 상대방을 바닥으로 넘기는 스윕(Sweep)이나 꺾고 조르기를 시도하는 그라운드 기본자세인 가드(Guard)를 일컫는데, 신체가 작거나 힘이 약한 사람도 쉽게 사용할 수 있는 기술입니다. 특히 타격 및 반칙 기술 등을 고려해야 하는 호신술 주짓수에서는 필수기술이라 할 수 있습니다.

• 상대방이 주먹을 휘두를 때 #1

상대방의 몸통을 다리로 감은 클로즈드 가드 자세에서 상대방이 주먹으로 공격하려 할 때 상대방을 당기거나 밀면서 끌어안습니다.

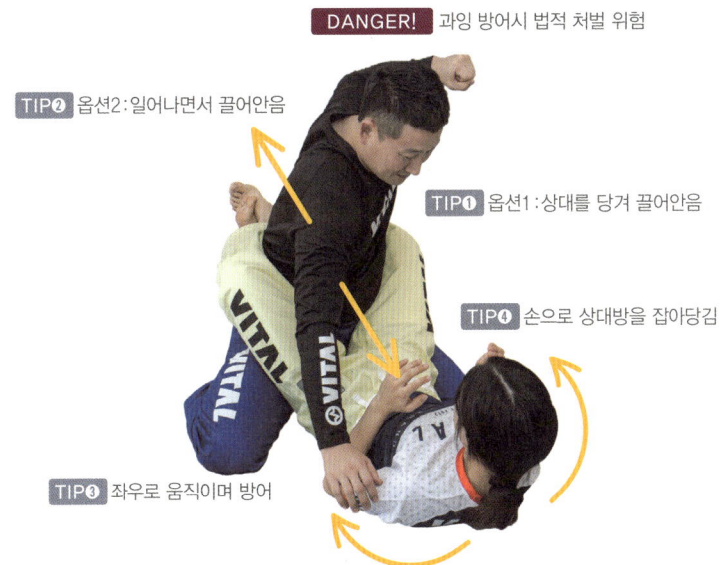

그 다음 상대방의 한쪽 팔을 밖에서 안으로 감고 나머지 팔로는 머리를 끌어안아 상대방과 밀착합니다. 만약 상대방이 다른 손으로 주먹을 휘두르려 할 때는 상대방 팔꿈치에 손을 대고 공격을 막습니다.

WARNING! 상대방의 타격에 대비
TIP❶ 다리로 허리를 잠금
TIP❷ 양팔로 팔과 목을 강하게 감음
TIP❸ 머리를 상대방 몸에 밀착
TIP❹ 상대방이 머리를 들지 못하게 당김

공격해오는 상대방의 주먹을 막으면서 팔을 감고 있는 쪽 다리를 들어 머리를 누릅니다.

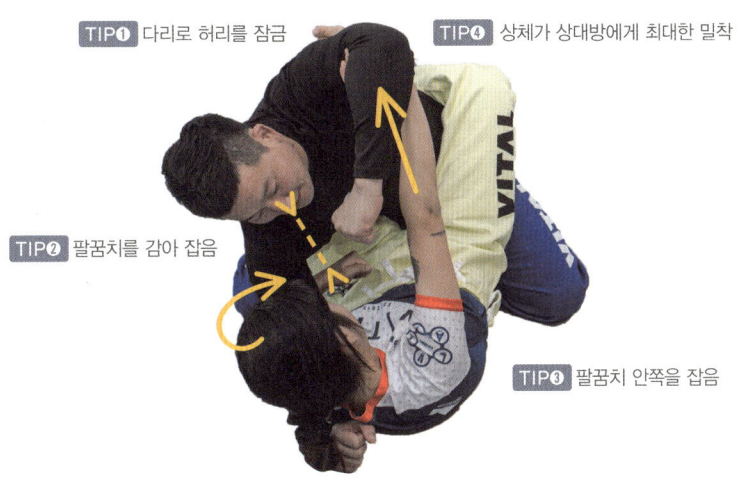

DANGER! 상대방의 주먹을 방어

TIP❶ 다리로 허리를 잠금
TIP❹ 상체가 상대방에게 최대한 밀착
TIP❷ 팔꿈치를 감아 잡음
TIP❸ 팔꿈치 안쪽을 잡음

공격해오는 상대방의 주먹 쪽 손목을 잡으며 상대방의 팔꿈치를 정강이에 겁니다.

상대방 팔꿈치를 발등까지 내린 다음 순간적으로 다리를 바깥으로 돌려 상대방의 어깨에 다리를 감습니다.

감고있던 팔을 끌어당겨 상체를 들지 못하게 하고 어깨로 넘긴 다리를 이용하여 상대방의 목덜미를 누릅니다.

상대방의 옆으로 상체를 돌린 후에 다리를 피겨-4(Figure-4, 4자 모양으로 감는 것) 상대방의 목과 어깨를 제압합니다.

감은 다리를 조이고 허리를 들어 올려 팔을 꺾어 제압합니다.

TIP❶ 다리로 상대방의 목과 어깨를 감음

TIP❷ 엉덩이를 들어올려 팔꿈치를 압박

TIP❸ 팔로 상대방의 팔을 감음

만약, 상대방의 힘이 너무 센 탓에 기술을 걸기 어렵다면 어떻게 해야 할까요? 위급한 상황에서는 아래와 같이 타격을 추가해 주짓수 기술을 원활하게 사용할 수 있도록 합니다.

• **상대방이 주먹을 휘두를 때 #2**

상대방 몸통을 다리로 감은 클로즈드 가드 자세를 취한 상태에서 상대방이 주먹으로 공격을 가할 때는 다리로 상대방의 몸을 당기며 자신의 몸을 옆으로 옮겨 공격을 피합니다.

상대방이 휘두르는 주먹을 좌우로 움직이며 방어하다가 팔을 뒤로 빼려고 할 때, 상체를 일으키며 팔로 상대방의 겨드랑이를 밖에서 안으로 감습니다.

팔로 상대방 겨드랑이를 밖에서 안으로 감고, 상대방의 몸을 감았던 다리를 풀면서 몸을 옆으로 비틉니다.

TIP④ 회전하는 느낌으로 돌려 넘김
TIP③ 다리를 풀면서 상대를 푸시
TIP② 팔을 어깨 뒤로 넣어 팔을 감음
TIP① 상체를 밀면서 일어남

발바닥으로 바닥을 밀면서 감고 있던 상대방의 팔쪽으로 힘을 가해 상대방을 밀어 넘어트립니다.

TIP❹ 골반을 튕기며 밀어 넘김
TIP❸ 상대방 배에 몸을 밀착
TIP❶ 얽은 팔을 돌려 당김
TIP❷ 팔로 바닥을 푸시

상대방을 밀어 넘어트리고, 상대방의 몸 위로 올라탑니다.

상대방 몸 위에 올라탄 후, 상대방의 손목을 잡고 무릎을 옮겨 하이 마운트(High Mount, 상대방 몸 위에 올라타서 겨드랑이 옆에 무릎을 꿇고 누름) 자세를 잡아 상대방을 제압합니다.

• 상대가 주먹을 휘두를 때 #3

상대방이 주먹을 휘두를 때, 상대방을 끌어당겨 몸을 기울게 한 다음 팔로 상대방의 목을 감습니다.

TIP❶ 주먹이 날아올 때 상대를 당겨 기울임
TIP❹ 암 트라이앵글 그립으로 제압
TIP❷ 팔로 목을 감음
TIP❸ 머리는 최대한 멀리 이동

암 트라이앵글(Arm Triangle, 상대방의 목과 겨드랑이를 팔로 감아서 조르는 기술) 그립을 잡은 후에 다리를 풀고 몸을 옆으로 틀어줍니다.

몸을 튼 쪽의 발을 상대방 다리 오금 부분에 걸고, 반대편 다리를 차올리면서 상대방을 넘깁니다.

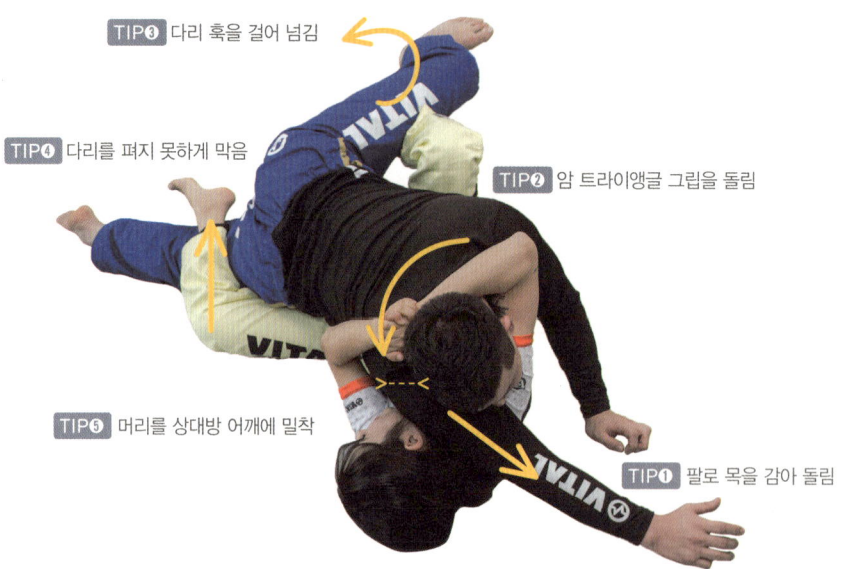

TIP❸ 다리 훅을 걸어 넘김
TIP❹ 다리를 펴지 못하게 막음
TIP❷ 암 트라이앵글 그립을 돌림
TIP❺ 머리를 상대방 어깨에 밀착
TIP❶ 팔로 목을 감아 돌림

상대방의 몸을 넘긴 후에 상대방 몸 위로 올라탑니다. 상대방의 목을 감았던 팔에 압박을 가합니다.

상대방의 몸 위에서 누르는 것보다 몸 옆으로 이동하여 압박하는 것이 더 효과적입니다. 하지만 심하게 압박할 경우 상대방이 기절할 수도 있으니 주의합니다.

• 상대방이 주먹을 휘두를 때 #4

상대방이 주먹을 휘두를 때, 상대방의 몸을 당겨서 상대방의 양팔을 겨드랑이에 감습니다.

한쪽 팔로는 상대방 팔을 단단히 잡고 다른 쪽 팔을 뻗어 상대방의 얼굴을 밉니다. 이때 상대방의 턱 부분을 미는 것이 좋습니다. 그다음 다리를 풀면서 몸을 옆으로 뺍니다.

자신의 팔로 감고 있던 상대방의 팔을 다리를 넘기며 감습니다. 이때 넘어 간 발을 상대방의 턱에 걸어 상대방이 움직이지 못하게 합니다.

자신의 배가 바닥을 향하게 몸을 움직인 후, 상대방의 팔을 꺾습니다. 이 때 허리를 너무 많이 뒤로 젖히면 상대방이 어깨를 다칠 수 있으므로 주의 합니다.

• 상대방이 주먹을 휘두를 때 #5

클로즈드 가드로 상대방을 잡고 있어도, 힘이 센 상대방은 쉽게 몸을 일으켜 세울 수 있습니다. 몸을 세운 상대방이 휘두르는 주먹은 몹시 위협적일 뿐만 아니라 방어도 쉽지 않습니다.

몸을 일으켜 세운 상대방이 자신의 목덜미를 붙잡고 주먹을 휘두르려 한다면, 목덜미를 잡은 상대방의 손을 맞잡고, 주먹이 가까이 오지 못하게 상대방의 팔꿈치에 다른 손을 대고 막습니다.

DANGER! 당기거나 밀어서 타격 거리를 없앰

TIP❶ 다리로 허리를 잠금

TIP❷ 팔꿈치 안쪽을 푸시

TIP❸ 팔을 잡아 일어나지 못하게 함

목덜미를 잡고 있는 팔의 반대쪽으로 몸을 회전한 후에 다리를 상대방의 머리 위로 넘깁니다.

상대방의 팔을 두 팔로 감싸고 두 다리로 상대방의 몸통과 머리를 눌러 상대방을 쓰러트리면서 엉덩이를 들어올려 암바(Arm Bar, 상대방의 팔을 다리 사이에 넣고 당겨서 꺾는 기술)를 걸어 제압합니다. 이때 상대방의 팔을 과도하게 꺾지 않도록 주의합니다.

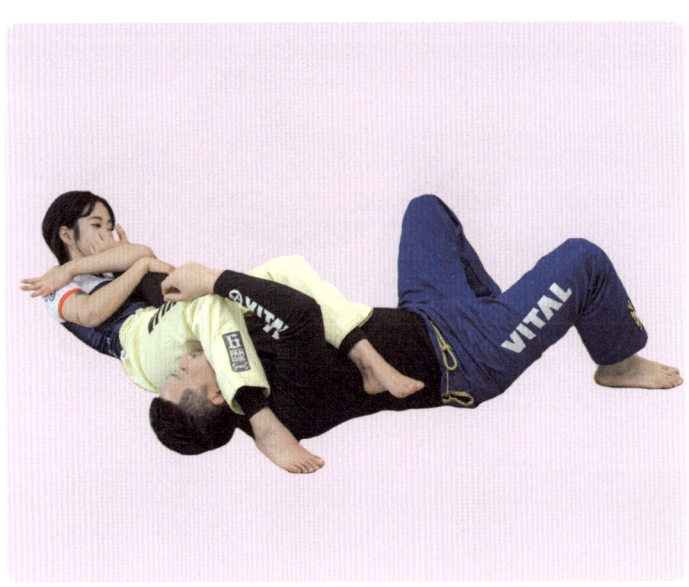

• **상대방이 머리채를 잡을 때 #6**

상대방에게 머리채를 잡히면 머리를 움직이지 못하게 되어 상대방이 얼굴을 공격하기 쉬워집니다. 머리채를 잡고 있는 상대방의 손목을 잡아 상대방의 팔을 고정시킵니다.

다른 손으로 상대방의 목덜미를 붙잡은 후, 같은 쪽 발을 상대방의 골반에 대고 밉니다.

그 상태로 자리에 주저앉으며 상대방을 끌어당겨 무릎을 꿇게 만듭니다.

머리채를 붙잡고 있는 상대방의 팔을 계속 잡으면서 몸을 90도 회전시켜 다리를 상대방의 머리 위로 넘깁니다.

만약, 상대방이 머리채를 놓지 않는다면 상대방을 주먹으로 때려 머리채를 놓게 합니다.

그럼에도 불구하고 상대방이 머리채를 놓지 않는다면, 상대방을 바닥으로 넘겨 암바를 걸어서 떼어놓을 수 있습니다.

• 상대방이 위에서 주먹질을 할 때 #7

누워있는 상태에서 상대방이 위에서 주먹으로 공격해온다면, 주먹과 반대 방향으로 상체를 회전하며 방어합니다. 이때 상대방이 주먹 쪽 손목을 잡습니다.

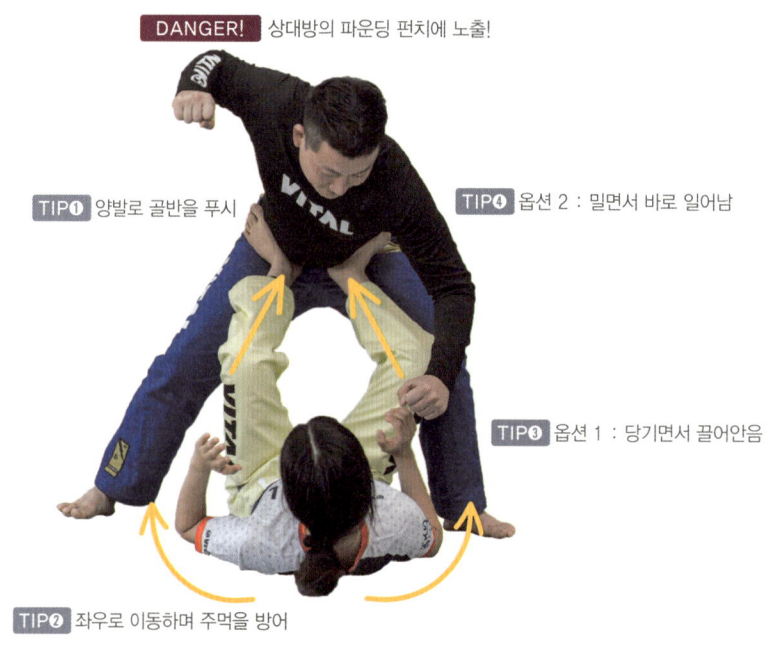

상대방이 휘두른 주먹 반대쪽 어깨 위로 다리를 올리며 상대방의 목과 어깨를 감습니다.

TIP❹ 다리를 조이고 당김
TIP❶ 다리로 목과 어깨를 감음
TIP❷ 다리로 최대한 감아 압박
TIP❸ 상대방 팔을 대각선으로 잡아당김

몸을 옆으로 돌리면서 트라이앵글 초크(Triangle Choke, 다리를 이용해 상대방의 목과 팔 하나를 삼각형 모양으로 감아 조르는 기술)를 겁니다. 상대방이 버티는 경우에는 다리를 잡아들고 넘깁니다.

TIP④ 다리를 들어 넘김
TIP① 잠근 다리를 넘겨 돌림
TIP③ 상대방이 버티면 암바
TIP② 몸을 일으켜 세움

상대방이 넘어진 후에는 다리를 상대방의 머리 위로 넘겨서 암바를 걸 수 있습니다.

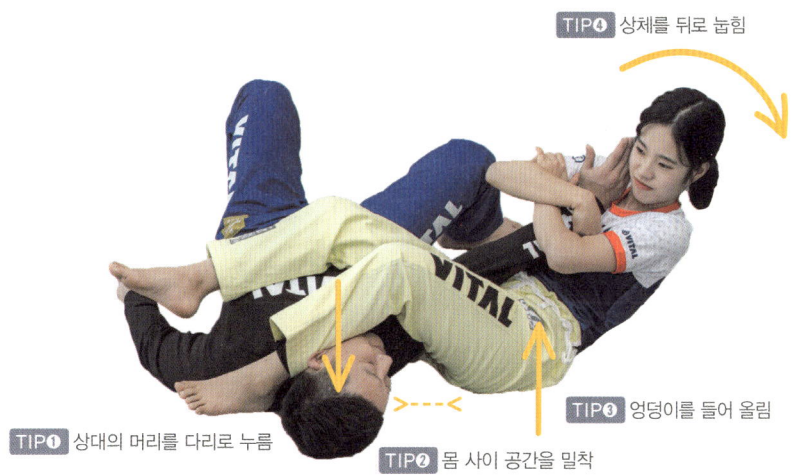

TIP❹ 상체를 뒤로 눕힘

TIP❶ 상대의 머리를 다리로 누름

TIP❷ 몸 사이 공간을 밀착

TIP❸ 엉덩이를 들어 올림

시나리오 02 | 손목을 잡혔을 때 대응법

본격적으로 상황에 따라 쓸 수 있는 호신술 주짓수에 대해 알아보겠습니다. 상대방에게 갑자기 손목을 붙잡혔을 때 대응하는 법은 다음과 같습니다.

• **상대방이 손목을 붙잡을 때 #1**

상대방에게 손목을 붙잡히면 쉽게 뿌리치기가 어렵습니다. 우선 잡힌 손을 다른 손으로 맞잡습니다.

두 팔의 힘만으로는 상대방의 손아귀에서 벗어나기 어렵습니다. 이때는 팔의 힘이 아닌 몸을 비트는 힘을 이용하면 벗어나기 쉬워집니다.

TIP❶ 두 손을 마주 잡음
TIP❷ 양쪽 팔꿈치를 모음
TIP❸ 상체와 하체를 동시에 돌림

- **상대방이 손목을 붙잡을 때 #2**

아래 사진처럼 손이 위로 향한 상태에서 상대방에게 손목을 붙잡힌 경우에도 첫 번째 사례와 마찬가지로 두 손을 맞잡으며 동작을 시작합니다.

팔을 최대한 비틀며 상대방 손아귀의 힘이 약해지도록 합니다. 힘이 빠지는 순간 몸통 힘을 사용해서 상대방의 손을 뒤로 당기며 손목에서 상대방의 손을 떼어냅니다.

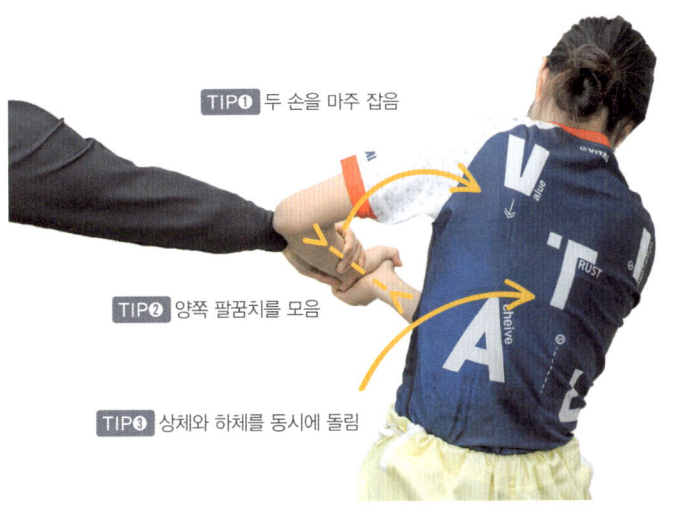

TIP❶ 두 손을 마주 잡음
TIP❷ 양쪽 팔꿈치를 모음
TIP❸ 상체와 하체를 동시에 돌림

• 상대방이 손목을 붙잡을 때 #3

상대방이 손목을 잡고 끌어당길 때는 다른 손으로 상대방의 팔꿈치를 몸 바깥쪽에서 깊숙이 감아 잡습니다.

상대방 팔꿈치를 자신의 몸 쪽으로 끌어당기며 상대방의 팔을 꺾어 잡은 손을 놓게 합니다.

TIP❷ 팔꿈치를 잡고 비틈
TIP❸ 몸을 뒤로 이동
TIP❶ 손목 잡힌 팔을 움직이지 않게 버팀

interview

interview | 주짓수 수련 사례(어린이)

Q. 이름과 소속 체육관은?
A. 제 이름은 김은정이고 아들인 12세 최윤호가 런 주짓수에서 수련하고 있습니다.

Q. 자녀에게 주짓수 수련을 권유하게 된 계기는?
A. 저는 윤호가 친구들과 잘 지내고, 친구들의 갈등도 대화로 해결하도록 가르치고 있습니다. 하지만 다른 친구의 괴롭힘에 맞서지 못하고 울고만 있는 것을 보고, 스스로 자신을 지킬 수 있는 아이로 키워야겠다고 생각했습니다. 그래서 윤호에게 다른 무술을 1년 정도 가르쳤지만, 여전히 친구들과의 다툼에서 같은 상황이 벌어지고 있었습니다. 그래서 자신을 지키는 데 최적화된 무술인 주짓수를 선택하게 되었습니다.

Q. 현재 운동하고 계신 체육관의 분위기는?
A. 처음 체육관에 체험수업을 갔을 때가 기억납니다. 어린이부 수업은 절도있으면서도 부드러운 분위기에서 이루어졌습니다. 힘든 훈련으로 땀을 뻘뻘 흘리면서도 밝은 표정으로 수련에 임하는 아이들의 모습이 인상적이었습니다. 또한 관장님과 사범님도 웃으면서 아이들을 지도하고 계셨다는 점이 다른 무술을 가르치는 체육관에서는 볼 수 없던 모습이었습니다.

Q. 자녀가 주짓수를 수련하기 전과 수련한 후의 달라진 점은?
A. 가장 큰 변화는 '단단함'인 것 같습니다. 주짓수를 통해 마음과 몸이 단단한 아이가 되었습니다. 작은 싸움에 쉽게 휘말리지 않게 되었으며 엄마도 배려하고 보호할 줄 아는 멋진 아이가 된 것 같습니다.

Q. 스포츠 주짓수 대회 출전 경험이 자녀에게 어떤 도움이 되었는지?
A. 처음에는 대회 출전을 반대했습니다. 제 아이는 물론이고 상대가 될 다른 아이가 아파하는 모습을 보고싶지 않았기 때문입니다. 8살 때 윤호는 처음 주짓수 대회에 출전했지만 첫 경기에서 패했습니다. 자신보다 강한 상대를 만나 많이 놀랐고, 아파했습니다. 경기에서 져서 우는 아이를 보며 크게 상처를 받은 것이 아닐지 무척 걱정이 되었습니다. 하지만, 대회 참가로 인해 윤호는 크게 성장했습니다. 패배에 대해 속상해하거나 좌절하기는커녕 승패를 인정할 줄 알게 되었고, 더 열심히 수련하겠다는 의지를 보였습니다. 그런 의지와 노력으로 후에 출전한 대회에서는 체급 우승을 하는 등, 크게 성장하는 모습을 보이고 있습니다.

Q. 호신술로서의 주짓수는 어떠한 장점이 있다고 생각하시는지?

A. 자신의 힘과 더불어 상대방의 힘을 이용하는 기술로 상대방을 제압할 수 있는 게 주짓수의 장점이라고 생각합니다. 작고 약한 아이들에게도 신체적·정신적으로 강해질 수 있는 유일한 무술이 바로 주짓수라고 생각합니다.

Q. 다른 부모님께 주짓수 수련에 대해 권하고 싶은 말씀은?

A. 윤호가 주짓수를 배운다는 걸 알게 된 주변 분들이 주짓수에 대해 많이 물어보십니다. 저는 언제나 자신 있게 추천을 합니다. 남자아이들뿐만 아니라 여자아이들에게도요. 특히 주짓수 기술뿐만 아니라 바른 인성을 갖출 수 있게 지도해주시는 분께 배운다면, 몸과 마음 모두 단단한 바른 아이가 될 수 있을 것입니다.

시나리오 03 | 밀려 넘어져서 공격을 당하는 상황

늦은 밤, 많은 사람이 오가는 길을 걷다가 지나가는 사람과 어깨를 부딪쳐 시비에 휘말리는 경우를 가정해봅시다.

사과를 하며 대화를 시도하지만 상대방은 손으로 어깨를 밀며 계속 시비를 걸어옵니다.

실랑이를 하다가 상대방에게 밀려 넘어졌습니다. 넘어져 몸이 바닥에 닿은 상태에서 상대방이 주먹으로 공격을 가하려 합니다.

재빠르게 엉덩이를 땅에 붙이고 앉아 상대방의 공격에 대비합니다. 만약 무릎을 꿇고 앉는다면 상대방의 발차기 공격으로 얼굴을 맞게 됩니다. 얼굴과 머리는 급소이므로 최우선으로 보호해야 합니다.

넘어졌다고 해서 계속 등을 바닥에 대고 누워있어서도 안됩니다. 누워있는 자세는 재빠르게 움직이기 어렵기 때문입니다. 상대방이 위에서 발로 몸이나 얼굴을 세게 밟을 수도 있고(스탬핑 킥), 상대방이 옆으로 돌아 발길질(사커 킥)을 할 수도 있습니다.

• 스탬핑 킥

• 사커 킥

그러므로 되도록 바닥에 앉아서 방어자세를 취하다가 상대방이 주먹을 휘두르거나 발길질을 하는 등 공격을 가하는 위급한 순간에만 누우면서 피해야 합니다.

바닥에 등을 댄 상태에서 상대방이 주먹으로 공격을 해온다면, 우선 재빠르게 자신의 두발을 상대방의 골반에 대고 버팁니다. 상대방의 골반에 댄 발을 축으로 삼아 상체를 좌우로 움직이며 공격을 피합니다. 이때 두 손으로 얼굴을 감싸 빈틈없이 방어하는 것이 중요합니다.

상대방이 주먹으로 공격을 할 때는 주먹에 시선을 두면 피하기 어렵습니다. 상대방의 어깨가 움직이는 모습을 보고 미리 움직여 안전하게 방어합니다.

손으로 얼굴과 머리를 막으며 방어할 때는 머리에 손바닥을 대고 팔로 얼굴을 방어합니다. 주먹을 쥔 상태에서 방어하게 되면 상대방의 공격에 밀려 자신의 머리를 스스로 치게 되는 상황이 벌어지기도 합니다.

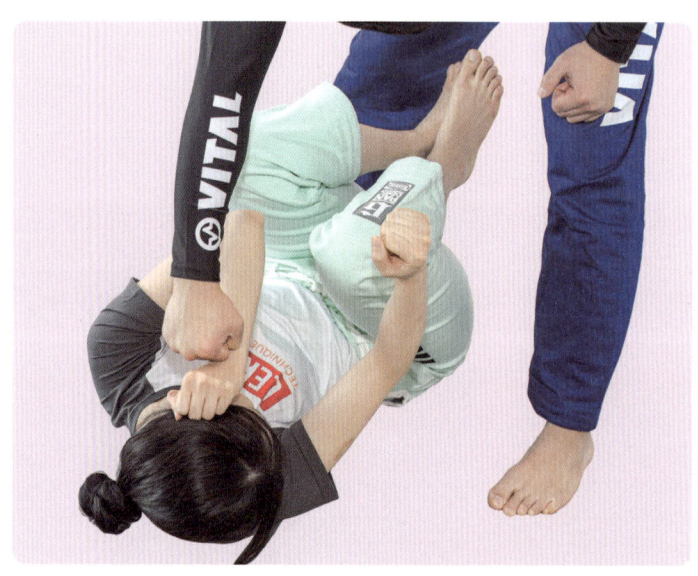

상대방이 주먹을 휘두를 때 피하면서 손목과 발목을 손으로 잡습니다. 그리고 상대를 끌어당기며 한쪽 발로 상대방의 골반을 딛고 다른쪽 다리를 들어 올립니다.

들어올린 다리로 상대방 등을 눌러 당기며 반대쪽 다리도 위로 올려 상대방의 몸을 감습니다(클로즈드 가드). 그리고 상대방의 공격을 방어하기 위해 목을 끌어안습니다(암 트라이앵글 그립).

상대방의 목을 끌어안은 후, 상대방이 움직이지 못하게 양손을 맞잡고 끌어당깁니다. 상대방의 몸을 감았던 다리를 풀고 엉덩이를 자신의 머리 반대쪽 방향으로 움직입니다.

엉덩이가 이동한 방향의 발을 상대방의 오금에 걸고 차올리며 상대방의 몸을 뒤로 넘깁니다.

다리를 차올릴 때 상대방을 끌어안고 있던 상체를 돌리면서 상대방의 몸 위로 올라탑니다.

상대방의 몸 위로 올라탄 다음에 발을 상대방 무릎 안쪽으로 밀어 넣어 훅을 걸고 양옆으로 벌립니다. 이 자세를 젖은 담요(Wet Blanket)라고 부릅니다. 다른 사람의 도움을 얻을 때까지 이 자세를 유지하는 것이 가장 이상적입니다.

만약 상대방이 불리한 자세에서 벗어나고자 세게 저항할 때는 양팔과 머리를 바닥에 대고 중심을 낮춰 자세를 유지합니다.

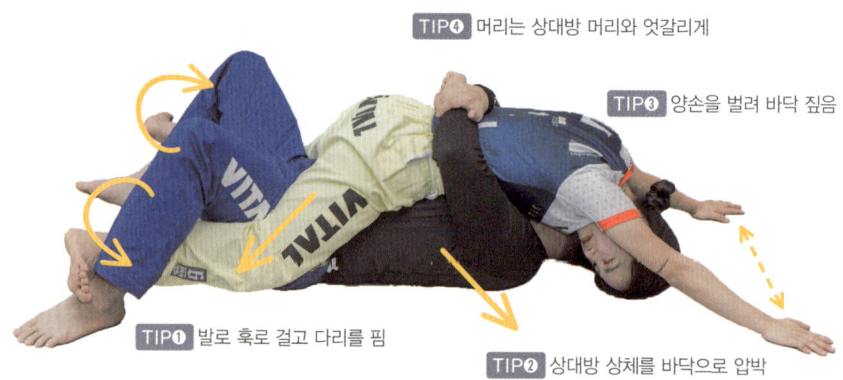

TIP❹ 머리는 상대방 머리와 엇갈리게
TIP❸ 양손을 벌려 바닥 짚음
TIP❶ 발로 훅로 걸고 다리를 폄
TIP❷ 상대방 상체를 바닥으로 압박

상대방에게 항복을 받아내고 싶다면, 상대방의 목과 어깨를 얽어매고 있는 팔을 그대로 유지하면서 다리를 옆으로 옮겨 곁누르기를 하거나 무릎을 꿇고 팔과 몸으로 상대방의 목을 압박(암트라이앵글 초크)하면 됩니다.

상대방이 빠져나가려 하면 재빨리 무릎을 상대방 겨드랑이까지 올려 제압하는 자세(하이 마운트)를 취합니다.

상대방의 겨드랑이 부분까지 무릎이 올라가면 상대방 손목을 엇갈리게 잡아 제압합니다. 동시에 상체를 숙여서 팔꿈치를 압박하면 상대방은 목이 졸려 움직이지 못하게 됩니다.

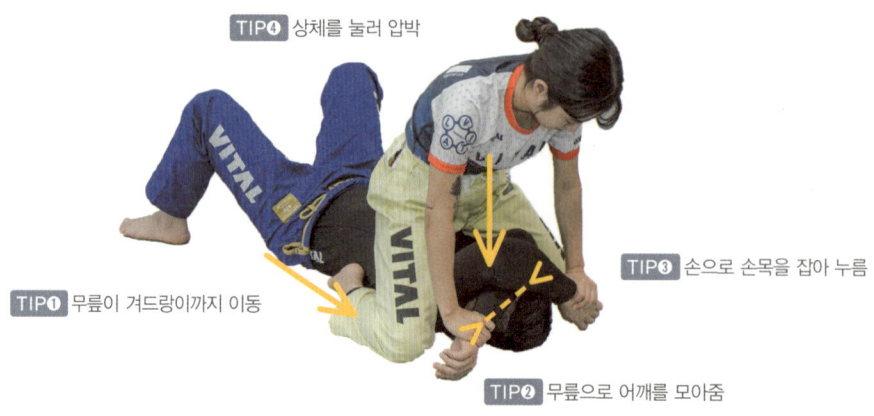

TIP❹ 상체를 눌러 압박
TIP❶ 무릎이 겨드랑이까지 이동
TIP❷ 무릎으로 어깨를 모아줌
TIP❸ 손으로 손목을 잡아 누름

만약 상대방이 몸을 돌려 도망을 시도하면 등쪽으로 이동하여 목을 감아서 제압합니다.

TIP④ 몸으로 상대를 밀어 압박

TIP① 발로 밖에서 안으로 걸어 잠금   TIP② 다리를 밀어 펴서 잠금   TIP③ 팔로 목을 감아 제압

시나리오 04 | 신경전을 벌이던 상대방이 뺨을 치려 할 때

우연히 누군가와 눈을 마주치게 되었는데, 그 순간 기분이 나빴거나 표정이 좋지 않아 시비가 붙게 되는 경우가 있습니다. 서로 무섭게 노려보다가 불만을 표하며 싸움이 시작되지요. 주로 술에 취한 상대방이 시비를 걸어오는 경우가 많습니다. 늦은 밤, 주취자가 많은 유흥가를 걸을 때는 주의를 기울이는 것이 좋습니다.

시비가 붙어 서로 노려보며 험한 말이 오가는 상황입니다. 화를 못참은 상대방이 손을 들어 위협하는 자세를 취합니다.

상대방이 뺨을 치려하면, 상대방의 양 손목을 잡아서 방어합니다. 만약 상대방의 힘이 강해서 제어하기 어렵다면 재빠르게 상대방의 어깨에 머리를 대고 상대방이 몸을 움직이지 못하도록 강하게 밀어붙입니다. 이때, 머리를 상대방의 머리 쪽으로 바짝 붙여 상대방이 머리로 박치기를 하지 못하도록 방어합니다.

상대와 어깨만 맞댄 채로 상대방의 머리와 약간의 거리가 생기면 상대방의 박치기 공격에 부상을 입을 수 있습니다. 호신술 주짓수의 원칙은 예측하기 어려운 영역을 최소화하는 것입니다. 특히 머리로 상대방을 공격하는 박치기는 특별한 수련을 거치지 않아도 상대방에게 큰 부상을 입힐 수 있는 공격입니다. 상대방의 어깨에 머리를 대고 밀어붙여 박치기를 방어합니다.

당황한 상대방이 밀어내려 몸에 힘을 줄 때, 그 힘을 이용하여 팔을 들어올리고 머리를 숙여 상대방의 겨드랑이 밑으로 들어가 등쪽으로 이동합니다.

만약 상대방이 자신보다 키가 작거나 힘이 좋은 경우라면, 무릎을 꿇어 자세를 낮추면서 상대방의 겨드랑이 밑으로 들어가 등쪽으로 이동하면 됩니다.

상대방의 겨드랑이 안쪽을 지나 등으로 이동합니다. 이때, 움직이는 방향과 반대쪽에 있는 상대방의 손목은 계속 잡은 채로 다른 팔로 상대방의 목을 감습니다.

상대방의 등쪽으로 돌아가 목을 감은 후, 상대방의 손목을 바꿔 잡습니다. 이때, 자신의 팔꿈치가 상대방의 턱과 일직선이 되도록 하면 한팔로도 충분히 상대방의 목을 조를 수 있을 정도로 깊숙이 감을 수 있습니다.

한 손으로는 상대방의 팔목을 당기고, 다른 팔로는 상대방의 목을 조르며 제압합니다.

만약 팔로 목을 감은 상태에서 상대방의 몸과 밀착되지 않으면, 상대방은 목이 졸리지 않게 하려고 머리를 움직이게 되고 이는 박치기로 이어져 부상을 당할 수 있습니다. 이런 위험을 방지하기 위해, 손바닥을 귀에 대고 상대방의 머리에 바짝 붙이는 자세인 전화받기 자세(Cellular Phone Grip)를 취하는 것이 좋습니다.

서 있는 상태에서 상대를 제압했습니다. 하지만 더 안전한 것은 상대방을 바닥으로 보내는 것입니다.

상대방의 손목을 잡은 손을 몸쪽으로 당기면서 같은 방향으로 몸을 돌립니다. 이때 상대방이 버티거나 저항한다면 몸을 뒤로 움직이며 상대방을 주저앉게 만듭니다. 상대방의 엉덩이가 바닥에 닿게 하고, 자신은 무릎을 꿇고 앉습니다. 만약 자신의 엉덩이가 바닥에 닿게 되면 상대방이 체중을 이용해 바닥으로 누르며 공격하게 됩니다.

상대방이 넘어지면, 상대방의 얼굴이 바닥을 향하도록 손목과 목을 당겨 몸을 돌립니다. 이때, 한쪽 다리를 상대방의 몸통으로 넘깁니다.

이 상태에서 상대방은 바닥에 배를 대고 눕게 됩니다. 이 자세가 아니라면 팔이 꺾이거나 목이 졸려 힘들어지기 때문이지요. 이때 재빠르게 상대방의 등 뒤로 올라타고 팔로 상대방의 목을 감아 제압합니다.

TIP❸ 머리는 상대방을 누름
TIP❹ 상체는 상대방을 압박
TIP❶ 다리로 훅을 걸어 잠금
TIP❷ 팔로 상대방 목을 감고 조름

상대방의 등이 아닌 배 위에 올라탄 경우에는 상대방의 겨드랑이 부분까지 무릎을 당기고(하이 마운트 자세) 상대방을 누르거나, 상대방의 손목을 잡고 누르면 쉽게 제압할 수 있습니다.

그리고 상대방의 팔을 얽어서 꺾거나(하이 키락), 암바를 걸어 제압할 수도 있습니다.

TIP❷ 바깥쪽으로 회전하며 꺾음
TIP❶ 상대방의 팔을 얽어 잡음
TIP❸ 상대방 몸을 눌러 고정

시나리오 05 | 상대방이 헤드락을 걸고 주먹으로 얼굴을 치려고 할 때

1. 상대방의 등쪽에서 목이 감겼을 때

몸싸움을 하다보면 상대방의 겨드랑이에 자신의 머리가 끼인 상태(헤드락)가 되기도 합니다. 이렇게 머리를 움직이지 못하게 되면 상대방의 공격을 받기 쉬워져 몹시 위험합니다. 이럴 때는 상대방의 손목과 팔꿈치를 잡아 상대방의 그립을 풀면서 목을 감긴 잡힌 자세에서 벗어납니다.

그리고 상대방의 등 뒤로 돌아가 재빠르게 상대방의 목을 감아 제압합니다.

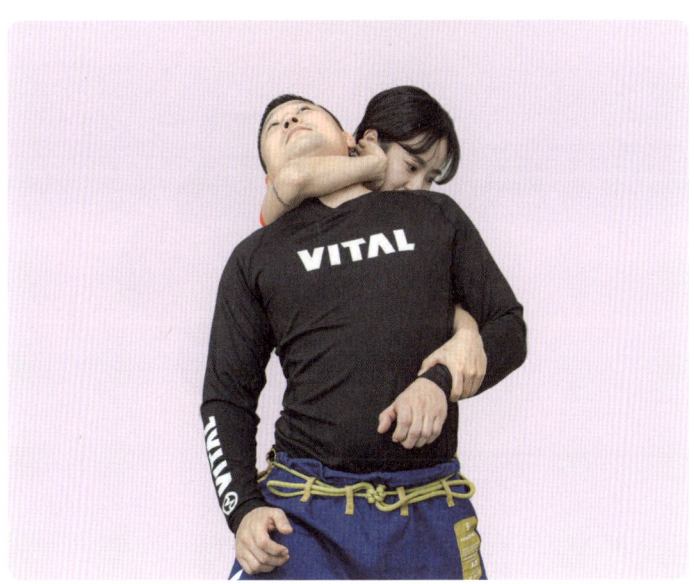

상대방의 힘이 세서 빠져나오기 어려운 경우에는 상대방 앞으로 몸을 향하게 하고 다리 사이로 돌아들어가 상대방을 넘어트립니다.

WARNING! 회전 시 팔이 깔리지 않게 주의

TIP❸ 한팔로 몸을 감아 돌림

TIP❹ 자신의 중심을 무너트림

TIP❷ 한팔로 다리를 감음

TIP❺ 상대방의 돌리는 힘을 역이용

TIP❶ 상대방의 다리 사이로 돌아들어감

TIP❷ 발로 훅을 걸어 던져 올림

TIP❶ 상대방의 허리와 무릎을 감음

TIP❸ 몸 전체를 회전

상대방을 넘어트린 후, 상대방의 몸 옆(사이드 포지션)에서 상대방을 누릅니다.

상대방의 몸 옆에서 누르다가 암바를 시도할 수도 있습니다.

자신에 비해 상대방이 가볍거나 힘이 약하다면 상대방의 다리와 어깨를 잡고 들어 올려 내리꽂고 암바를 걸 수 있습니다. 하지만 상대방을 들어 올릴 수 있을 만큼 자신의 힘이 강해야 하며, 자칫 잘못하면 상대방이 크게 다칠 위험이 있으니 주의해야 합니다.

TIP❶ 팔로 다리를 감음

TIP❷ 손으로 어깨를 감싸 안음

TIP❸ 들어 올렸다가 아래로 던짐

2. 상대방의 앞쪽에서 목이 감겼을 때

상대방이 앞에서 팔로 목을 감았을 때는, 먼저 목을 감고 있는 상대방의 팔을 손으로 잡아 목이 졸리지 않도록 방어합니다.

다른 손으로는 상대방의 턱을 밀면서 머리를 들어올립니다. 목이 졸리는 등의 위급한 상황이라면 손가락으로 상대방의 눈을 찌르는 공격을 통해 위험에서 벗어나야 합니다.

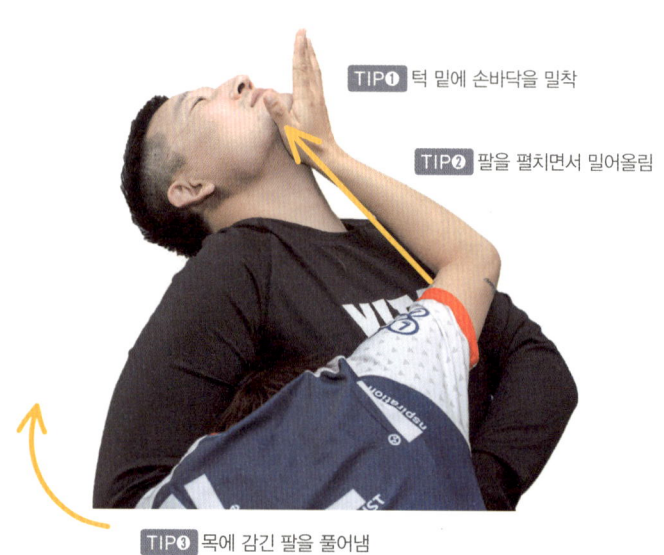

TIP❶ 턱 밑에 손바닥을 밀착
TIP❷ 팔을 펼치면서 밀어올림
TIP❸ 목에 감긴 팔을 풀어냄

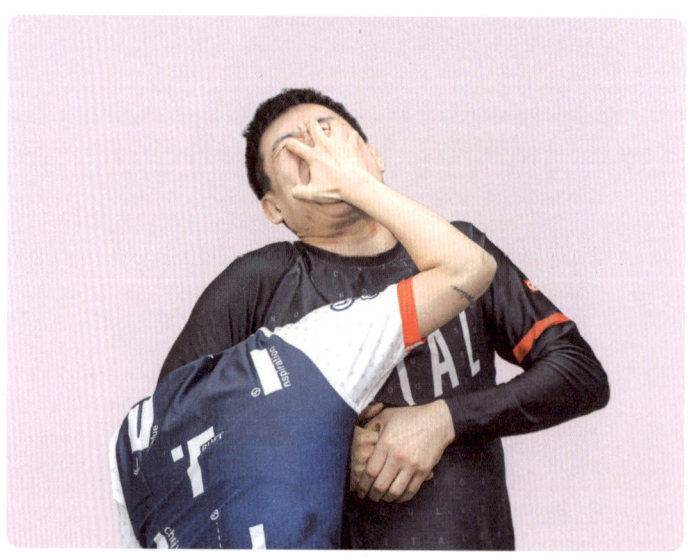

공격으로 인해 상대방의 팔에 힘이 빠지는 순간, 손목을 잡아당기며 상대방의 겨드랑이 밑으로 공간을 확보하여 머리를 들어올리며 들어가서 허리를 세웁니다.

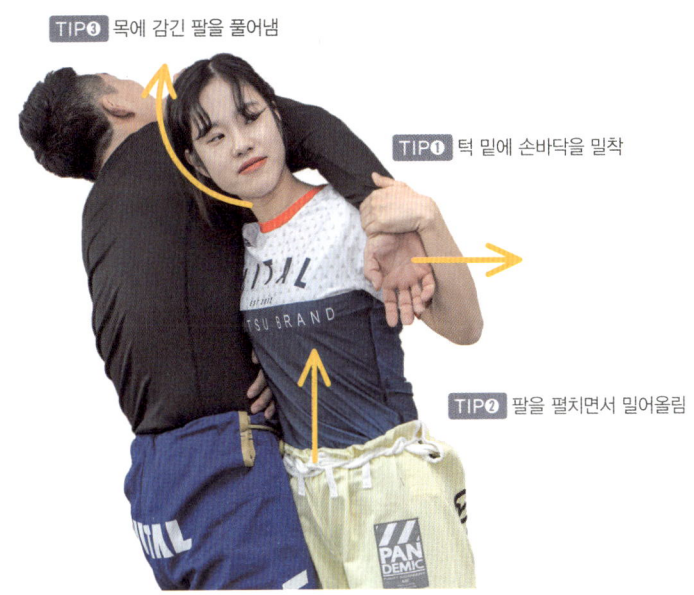

TIP❸ 목에 감긴 팔을 풀어냄
TIP❶ 턱 밑에 손바닥을 밀착
TIP❷ 팔을 펼치면서 밀어올림

상대방의 뒤로 돌아가서 한 팔로는 상대방의 목을 감고, 다른 손으로는 상대방의 손목을 잡고 당기며 제압합니다.

WARNING! 상대방의 박치기에 대비

TIP❸ 손바닥을 귀에 대고 머리를 맞댐

TIP❶ 팔로 목을 깊숙히 감음

TIP❷ 손목을 잡고 당김

시나리오 06 | 상대방이 달려들어 허리를 감았을 때

1. 달려드는 상대방을 상대할 때

정면에서 달려드는 상대방은 목을 감으며 제압하면 됩니다. 이때 쓰이는 길로틴 초크(Guillotine Chock)라는 기술은 팔을 길로틴(단두대) 날처럼 세워 상대방의 목을 절단하는 듯한 느낌으로 상대방을 제압하는 것입니다. 이때는 엄지가 모두 위를 향하도록 하여 두손을 맞잡습니다.

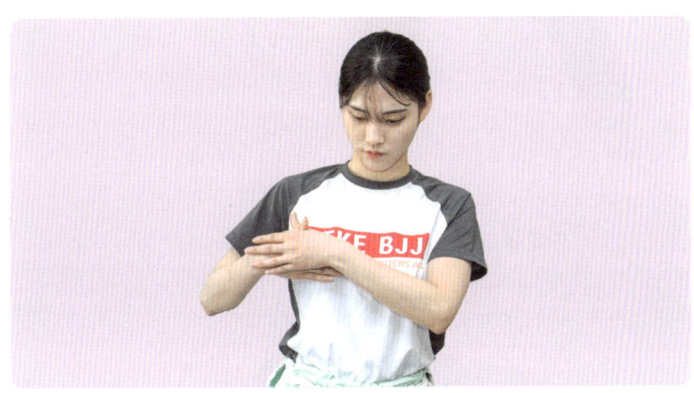

PART 03 호신술 주짓수 상황별 대응법 145

상대방의 목을 한쪽 팔로 감고 두손을 맞잡습니다. 상대방이 목을 움직이지 못하도록 빈틈없이 감습니다.

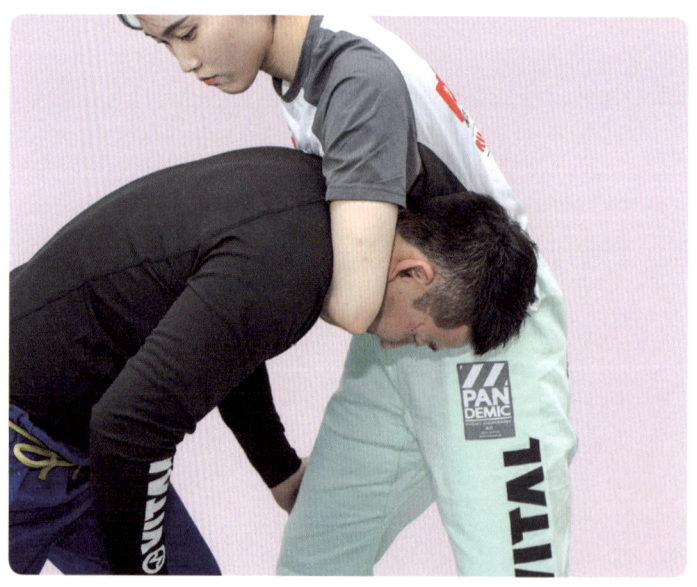

허리를 뒤로 세우면서 상대방의 목을 조릅니다. 상대방이 힘이 센 경우에는 상대방의 머리를 자신의 배 쪽으로 이동시킨 후에 누르면서 압박합니다.

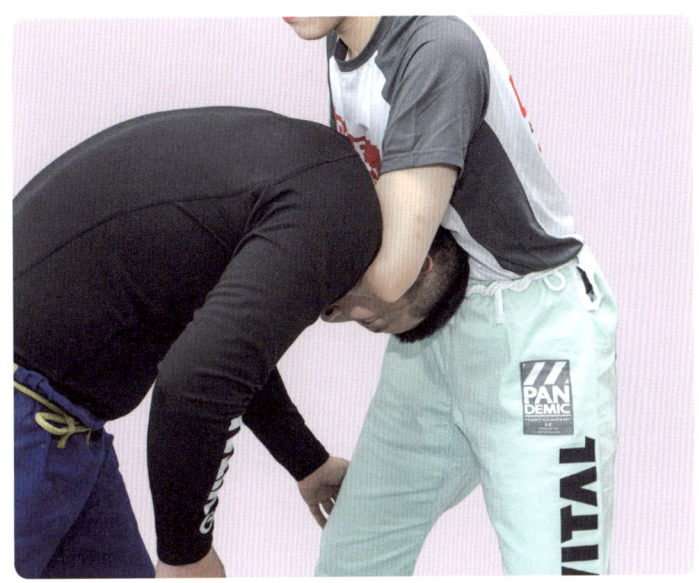

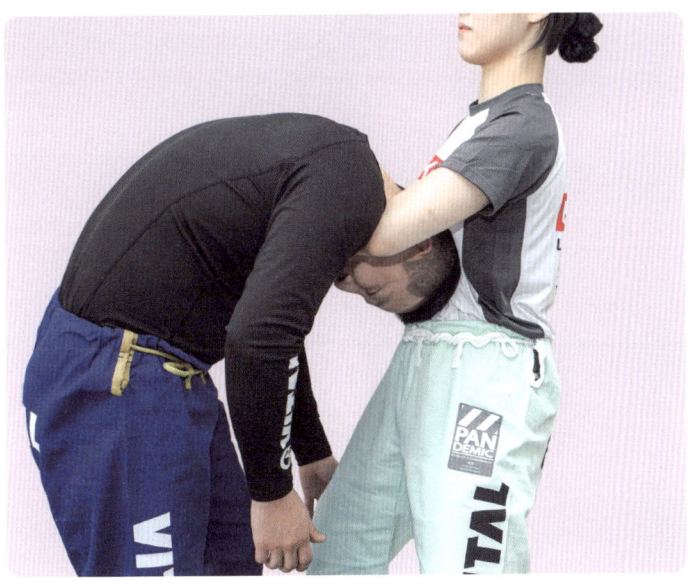

2. 상대방을 무릎 꿇렸을 때

달려드는 상대방에게 허리를 잡히면 넘어지기 쉽습니다.

일단 상대방의 힘에 밀려 넘어지지 않도록 다리를 뒤로 빼며 누르는 스프롤(Sprawl) 자세로 버티며 목을 감습니다.

상대가 무릎을 꿇으면 상대방의 목을 잡은 상태에서 상대방의 몸을 감으며 엉덩이를 바닥에 대고 앉습니다.

상대방의 목을 잡은 방향으로 몸을 틀며 목을 조릅니다. 상대방의 척추와 경추를 ㄱ자 모양으로 꺾는다고 생각하면 됩니다.

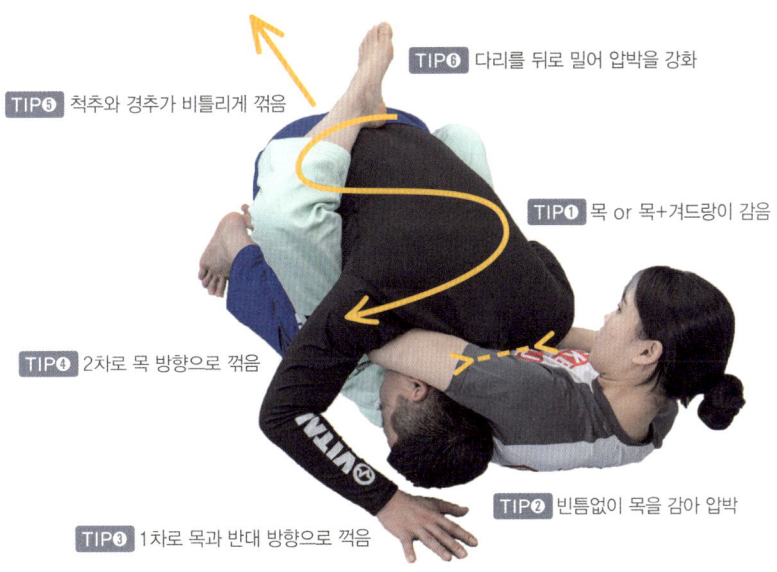

TIP❺ 척추와 경추가 비틀리게 꺾음
TIP❻ 다리를 뒤로 밀어 압박을 강화
TIP❶ 목 or 목+겨드랑이 감음
TIP❹ 2차로 목 방향으로 꺾음
TIP❷ 빈틈없이 목을 감아 압박
TIP❸ 1차로 목과 반대 방향으로 꺾음

이때 상대방이 목에 감긴 팔을 붙잡고 버티기도 합니다. 이 경우에는 목을 조르는 팔 반대쪽 다리에 발을 겁니다.

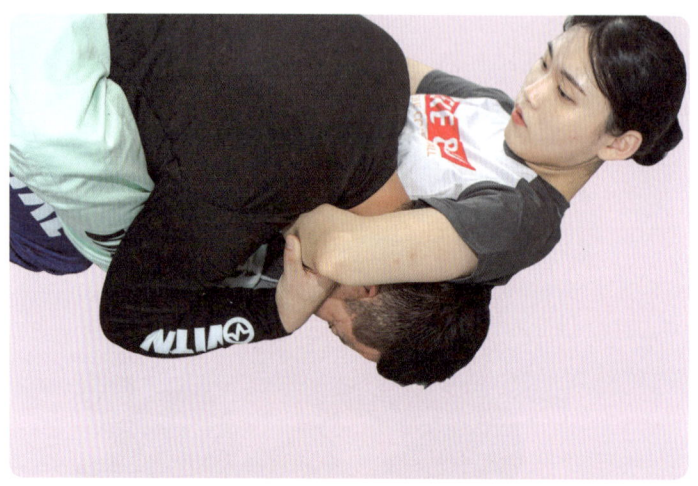

상대방의 목을 감고 있는 방향으로 몸을 회전시키며 상대방을 넘깁니다. 상대방은 양손으로 목을 방어하고 있으므로 몸이 넘어가는 것을 막기 어렵습니다.

상대방의 목을 꺾어 빠르게 제압하기 위해서, 목을 감은 팔 반대쪽 다리를 세우고 허리도 최대한 세웁니다.

3. 상대방에게 밀려 넘어질 때

길로틴 초크 자세로 상대방을 제압하려는데 상대방의 힘이 강해 뒤로 밀리게 되면 그 힘을 역이용할 수 있습니다. 상대방의 힘에 밀려 넘어지기 전에, 목을 감은 쪽 반대편 발을 상대방의 오금에 걸며 주저앉습니다.

상대방이 미는 힘과 자신이 주저앉는 힘, 다리로 차올리는 힘을 동시에 이용하여 상대방을 뒤로 넘깁니다.

TIP④ 다리를 걸어 던짐
TIP① 팔로 상대방의 목을 최대한 감음
TIP③ 상대방의 미는 힘을 이용
TIP② 몸을 뒤로 누우며 회전

몸이 회전할 때의 힘을 이용하여 상대방의 몸 위로 올라탑니다.

상대방의 목을 잡은 상태로 그대로 허리를 세우면서 목을 조릅니다.

시나리오 07 | 상대방이 몸 위로 올라타서 공격할 때

1. 상대방이 몸 위로 올라타서 주먹을 휘두를 때

상대방이 내 몸 위로 올라타는 경우(프론트 마운트)는 얼굴이 상대방의 주먹에 그대로 노출되는 최악의 상황입니다. 특히 상대방이 자신의 몸 위에 올라타서 겨드랑이 부분까지 상대방의 무릎이 자리하는 하이 마운트 자세는 빠져나오기가 불가능에 가깝습니다. 두 손을 상대방의 양쪽 무릎에 대고 올라오는 것을 막으며 상대방이 공격할 때를 기다립니다.

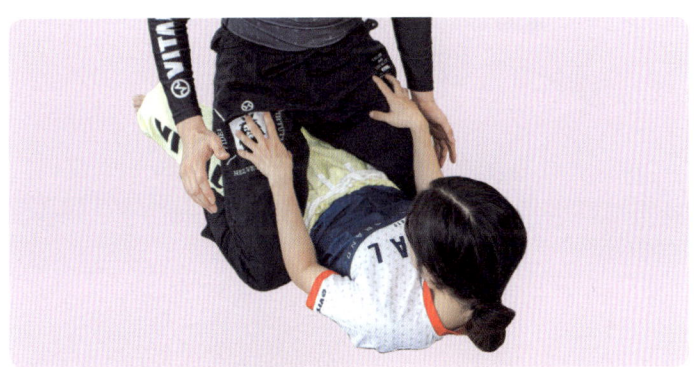

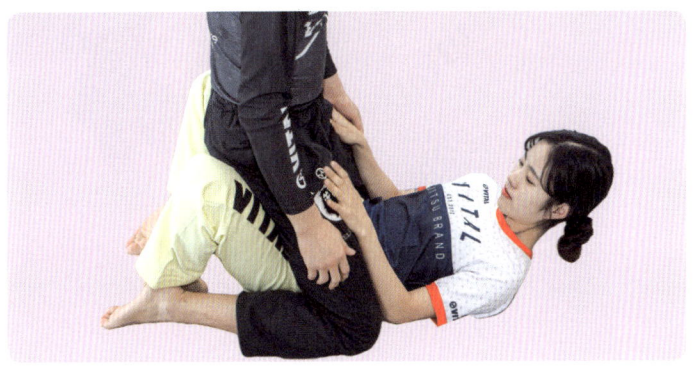

상대방이 주먹으로 공격하려 할 때, 두발의 앞꿈치 부분을 바닥에 대고 몸을 위로 튕겨서(범프) 상대방의 몸이 앞으로 쏠리게 합니다. 상대방이 중심을 잃어 바닥에 손을 짚게 되는 것이 가장 좋습니다.

이때 빠르게 상대방의 옆구리로 머리를 붙이고 상대방의 몸을 끌어안습니다. 상대방이 자신의 머리를 손으로 밀며 몸에서 떼어내려 할 때까지 버팁니다.

상대방이 머리를 손으로 밀기 위해 팔을 뻗을 때, 상대방의 팔을 밖에서 안으로 감습니다.

그 다음 반대쪽 손으로 상대방의 팔꿈치를 잡으며 공격을 방어합니다.
그리고 상대방의 팔을 감은 쪽과 같은 쪽의 발목에 발을 겁니다(훅).

TIP③ 팔꿈치 안쪽을 잡음

TIP① 상대방 발목에 발걸기

TIP② 팔꿈치를 밖에서 안으로 감음

DANGER! 상대방의 주먹을 방어

훅을 건 다리 쪽으로 엉덩이와 어깨를 들어올리며(브릿지) 몸을 회전해 자세를 역전합니다.

TIP❹ 상대를 회전시켜 바닥으로 보냄
TIP❸ 다리는 터틀 자세로 스위치
TIP❷ 팔꿈치 안쪽을 푸시
TIP❶ 몸을 위로 튕김

2. 상대방이 몸 위에서 목을 조를 때

상대방이 몸 위로 올라타서 목을 조르려 할 수도 있습니다. 위험한 상황이지만 상대방이 자신의 목을 양손으로 누르며 졸라도 손가락과 목 사이에 약간의 틈이 있어 곧바로 정신을 잃지는 않습니다. 우선 당황하지 않고 양 팔을 엇갈리게 하여 자신의 목을 조르는 상대방의 팔꿈치를 단단히 잡습니다.

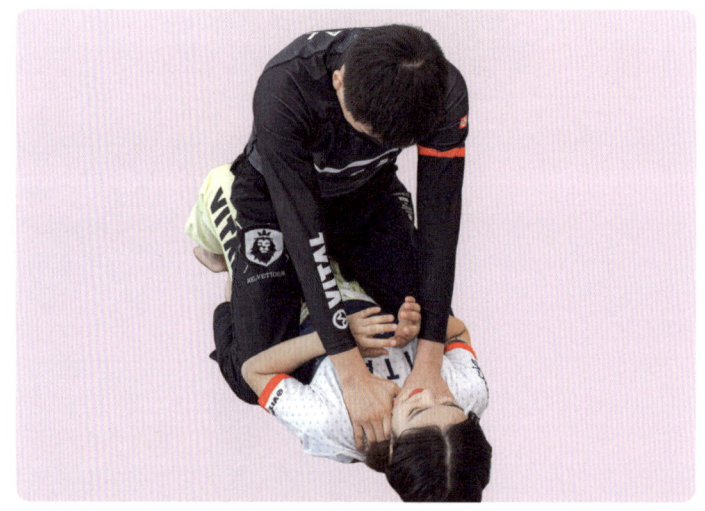

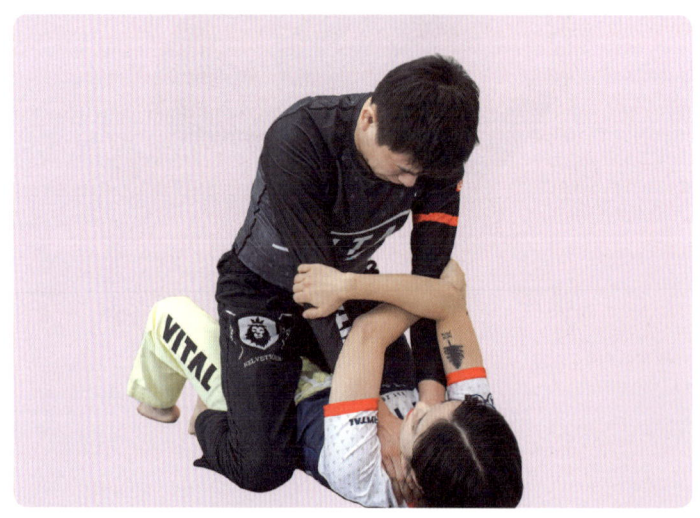

팔꿈치를 바짝 당겨서 상대방 상체를 앞으로 기울게 하고, 발을 세워 앞 꿈치로 바닥을 밀며 엉덩이를 들어 올립니다.

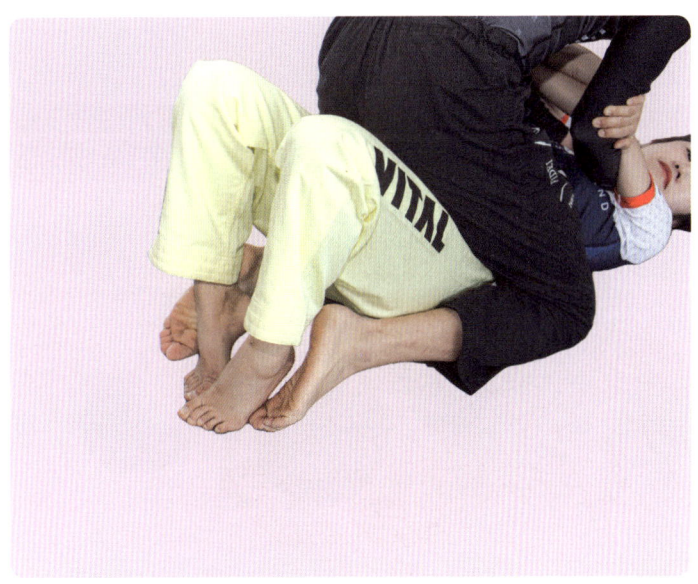

상대방 상체를 바닥으로 쏠리게 한 다음 몸을 회전하며 상대를 바닥으로 돌려 넘깁니다.

몸을 돌려 세운 후. 상위 포지션을 유지하며 위험 상황에서 벗어납니다.

3. 상대방이 서서 흉기로 찌르려 할 때

상대방이 칼 같은 흉기로 위협해온다면 즉시 그 자리에서 벗어나는 것이 최선의 방법입니다. 하지만 그 상황에서 바로 벗어나는 것이 어려운 경우가 있습니다.

어쩔 수 없이 흉기를 든 사람을 상대해야 한다고 가정해봅시다. 먼저 흉기를 쥔 상대방의 팔꿈치를 위로 꺾는 기술인 하이 키락을 겁니다.

흉기 방향을 상대방으로 향하게 합니다.

흉기를 상대방 쪽으로 밀면서 상대방을 바닥으로 넘어트립니다.

상대방이 흉기를 들고 있을 때, 빠르게 제압하지 않으면 역습을 당해 치명상을 입을 수 있습니다. 손목을 놓지 않은 상태에서 상대방 옆에서 상대방 머리 위로 다리를 넘겨 암바 자세를 잡습니다.

암바로 상대방의 팔을 꺾으면서 손에서 흉기를 놓게 만듭니다.

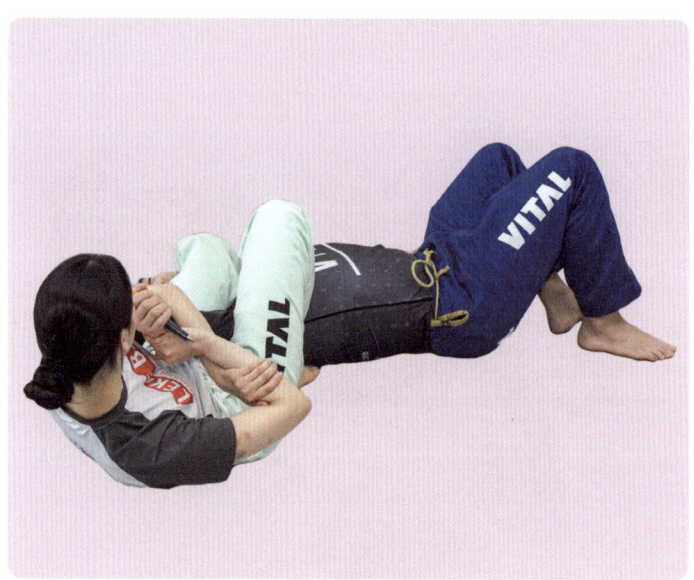

4. 상대방이 몸 위에서 흉기로 찌르려 할 때

상대방이 몸 위에 올라타서 흉기로 찌르려 할 때는 위에서 아래로 힘과 체중을 싣기 때문에 피하기 어렵습니다. 이런 경우에는 상대방의 힘을 이용해서 빠져나와야 합니다. 우선 위에서 배웠던 하이 키락 그립을 잡습니다.

상대방이 내리누르는 힘을 이용해 흉기를 쥔 팔을 몸 밖으로 비틀어 빼면서 몸을 위로 튕겨 올립니다.

상대방이 중심을 잃을 순간 재빨리 자신의 몸을 돌리며 일어나 상위 포지션을 취합니다.

시나리오 08 | 누운 상태에서 상대방이 다리 사이로 공격할 때

1. 누운 상태에서 다리 사이로 공격할 때 방어법(더블 오버 포지션)

누운 상태에서 자신의 다리 사이로 상대방이 머리를 내밀고 공격하는 것은 주로 데이트 폭력이나 성적 의도가 있는 폭력에서 자주 나올 수 있는 상황입니다. 주짓수에서는 이런 자세를 더블 오버 포지션(상대방의 어깨 위에 자신의 양쪽 다리가 있는 자세)이라 말합니다.

이런 상황에서는 자신의 오금 부분을 상대방 팔꿈치에 정확히 맞닿게 하여 팔의 움직임을 방해하고, 두 손으로 상대방 뒷덜미를 감싸 당겨서 상대방의 중심을 아래로 향하게 합니다.

중심을 잃은 상대방이 주먹으로 공격하려 하면 휘두르는 주먹 쪽으로 엉덩이를 비틀며 상대방의 목덜미를 당겨서 방어합니다.

2. 더블 오버 포지션에서 방어하다가 삼각조르기 걸기

상대방의 공격을 방어하면서 반격의 기회를 잡아야 합니다. 주먹을 피하며 움직이다가 한 팔을 상대방의 겨드랑이에 겁니다. 그 다음 두 손을 맞잡고 상대방의 어깨를 끌어당깁니다.

양팔을 잡아당겨 상대방의 팔 한 쪽을 끌어당긴 후, 상대방 목과 어깨에 다리를 감습니다.

상대방의 목과 어깨를 다리로 감은 후, 상대방의 주먹 공격을 피하기 위해 재빨리 엉덩이를 들어올려 상대방의 주먹과 얼굴 사이의 거리를 넓힙니다. 그 다음 다리 사이로 들어온 상대방의 팔을 손을 잡고 옆으로 당깁니다.

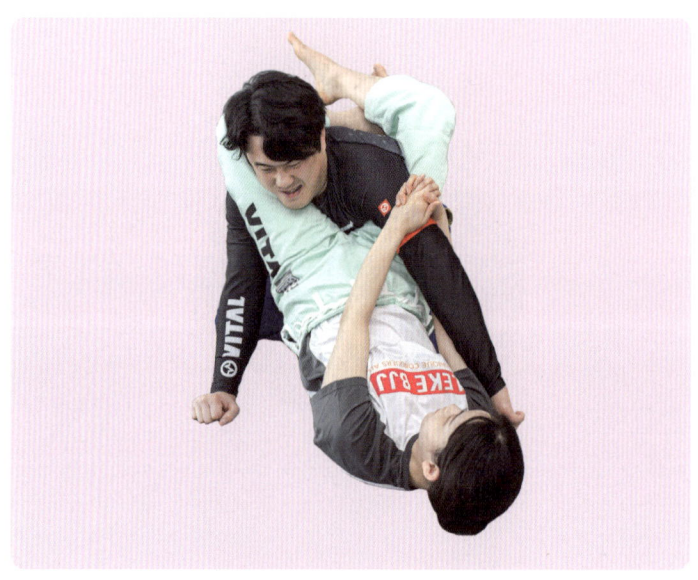

상대방의 어깨에 올린 다리를 목으로 걸고 발목을 잡아당기며 압박합니다.

3. 목만 다리로 감아서 삼각조르기 걸기

상대방의 팔을 다리 사이로 당기기 어려울 때는 다리를 4자 모양으로 감는 피겨-4(Figure-4) 형태로 상대방의 목에 감습니다.

상대방의 손목을 잡아 공격을 방어하면서 주먹을 무릎과 상대방의 목덜미 사이로 밀어 넣습니다.

주먹을 무릎과 상대방의 목덜미 사이에 밀어넣고 다리를 조여서 항복을 받아냅니다.

시나리오 09 | 상대방이 옆에서 누르면서 공격할 때

1. 주먹 공격을 방어하다가 자세를 역전하는 방법

상대방이 옆에서 몸을 누를 때는 우선 상대방의 주먹 공격에 대비해야 합니다. 상대방의 몸쪽에 가까운 팔로는 상대방의 팔꿈치를 손으로 막아 주먹 공격을 방어하고, 다른 쪽 팔로는 상대방이 팔을 움직이지 못하도록 세게 감습니다.

TIP❺ 옵션 2 : 몸 안으로 다리를 밀어넣음
TIP❹ 옵션 1 : 몸을 회전하여 넘김
TIP❶ 팔꿈치를 잡고 주먹을 막는다
TIP❸ 엉덩이를 들어올려 공간 확보
TIP❷ 팔을 밖에서 안으로 감는다
DANGER! 상대방의 주먹에 노출

상대방이 더 이상 공격을 시도하지 않으며 버틸 때까지 상대방을 밀다가 상대방이 버티기에 들어가는 순간 팔꿈치를 감던 팔을 풀어 상대방 목에 감습니다.

상대방이 밀리지 않기 위해 버티는 힘을 이용해 반대쪽으로 상대방의 목에 감은 팔을 당기고 팔꿈치를 막은 팔을 밀어내며 돌립니다.

TIP❶ 상대방의 몸을 회전시킴
TIP❷ 팔꿈치를 최대한 밀어줌
TIP❸ 상체를 세워주며 일어남
TIP❹ 머리를 잡아당기며 회전함

상대방을 돌려 넘겨 몸 위치를 역전시키고 상대방의 옆구리를 누르는 자세를 유지합니다.

상대방이 팔을 휘두르는 것을 방어하기 위해 상대방의 팔을 머리쪽으로 넘깁니다.

앞에서 배웠던 암 트라이앵글 그립을 잡은 후에 상대를 압박하여 제압합니다.

2. 상대방의 머리를 밀어 넘기고 암바 걸기

상대방의 팔을 감거나 막을 겨를이 없는 급한 상황에서는 상대방의 머리를 최대한 밀어 다리 쪽으로 내립니다.

한쪽 다리를 상대방의 머리 위로 올리고 상대방의 머리를 눌러 내립니다.

두 다리로 상대방의 머리를 감은 다음 바닥으로 밀어 넘깁니다.

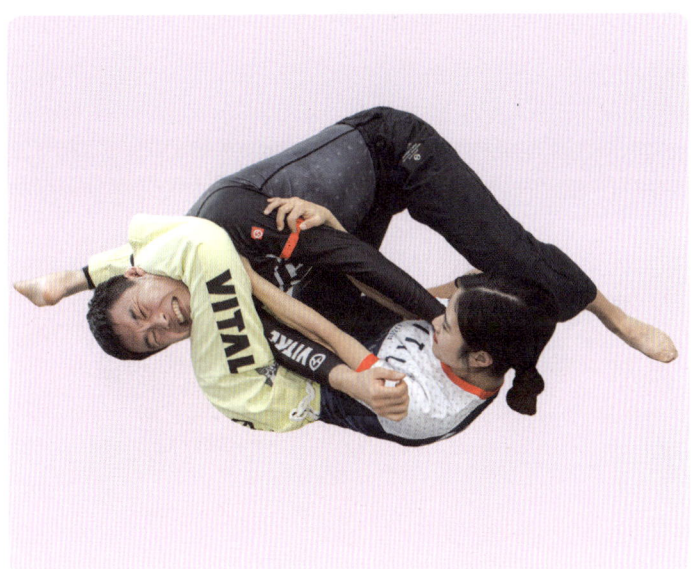

일어나려는 상대방의 팔을 잡고 뒤로 누우면서 암바를 걸어 제압합니다.

3. 상대방의 머리를 밀어 역삼각 조르기(리버스 트라이앵글 초크, Reverse Triangle Choke) 걸기

상대방이 옆에서 몸을 누르면서 무릎으로 차려고 할 때는 무릎을 뒤로 뺀 순간 공간이 열리게 됩니다. 이 때 자신의 목을 감고 있는 상대방의 팔을 손으로 잡고, 다른 손으로는 상대방의 턱을 밀어냅니다.

다리를 상대방의 머리 위로 재빨리 올려 목을 감습니다. 자신의 목에 감긴 상대방의 팔은 하이 키락 그립으로 제압합니다.

상대방 팔을 꺾지 못한 상태에서 상대방이 몸을 일으키려 하면 상대방의 머리가 바닥으로 향하도록 몸을 돌리면서 목을 감은 다리를 조여 제압합니다.

4. 곁누르기를 당했을 때 자세를 역전하는 방법

엉덩이를 바닥에 대고 다리를 엇갈리게 앉는 자세인 곁누르기는 유도에서 많이 쓰이는 공격법입니다. 곁누르기로 옆에서 몸이 눌리게 되면 얼굴이 상대방의 공격에 노출될 수 있어 매우 위험합니다.

우선 손을 뻗어 주먹을 휘두르려는 상대방의 팔꿈치 안쪽을 잡고 주먹 공격을 막습니다.

다른 손으로는 상대방의 얼굴을 막습니다. 두 손을 동시에 밀어 상대방을 눕힙니다.

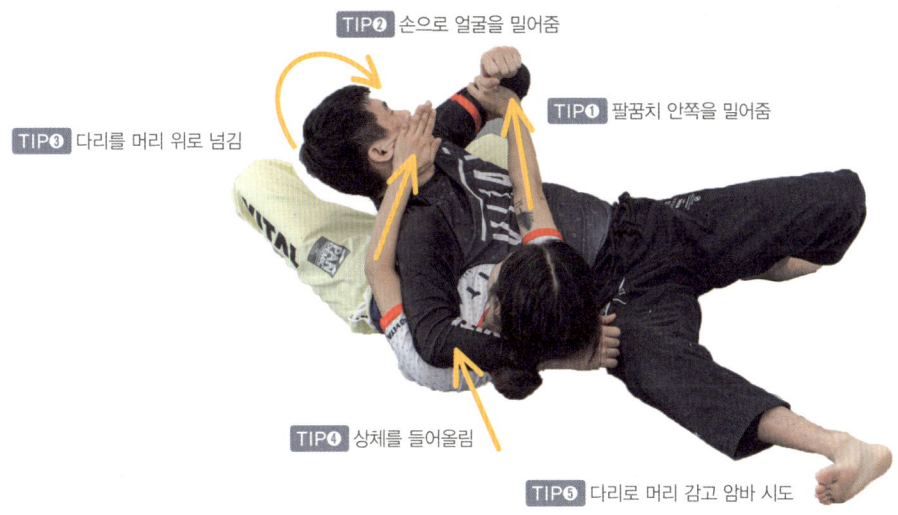

TIP❷ 손으로 얼굴을 밀어줌
TIP❶ 팔꿈치 안쪽을 밀어줌
TIP❸ 다리를 머리 위로 넘김
TIP❹ 상체를 들어올림
TIP❺ 다리로 머리 감고 암바 시도

상대방이 다리 쪽으로 누울 때 재빨리 상대방의 머리 위로 다리를 감고 가까운 쪽 팔을 당겨 암바를 겁니다.

상대방의 머리를 밀어 올리는 과정에서 상대방이 몸을 낮추며 버티기도 합니다.

이때는 상대방이 미는 힘을 받아 버티다가 그 힘을 이용하여 상대방을 반대쪽으로 밀어 넘깁니다.

상대방을 돌려 넘겨서 자세를 역전했지만 상대방이 끝까지 자신의 목을 감아 압박할 때도 있습니다. 이때는 상대방의 머리 쪽으로 다리를 넘긴 후에 상체를 세우면서 목에 감긴 팔을 풀어냅니다.

이때 상대방의 팔이 펴지기도 하는데, 이 팔에 암바를 걸어 제압할 수 있습니다.

5. 옆에서 목이 졸릴 때

상대방이 옆에서 목을 조를 때는 상대방의 양팔을 붙잡고 상대방의 몸과 90도 각도로 몸을 회전합니다.

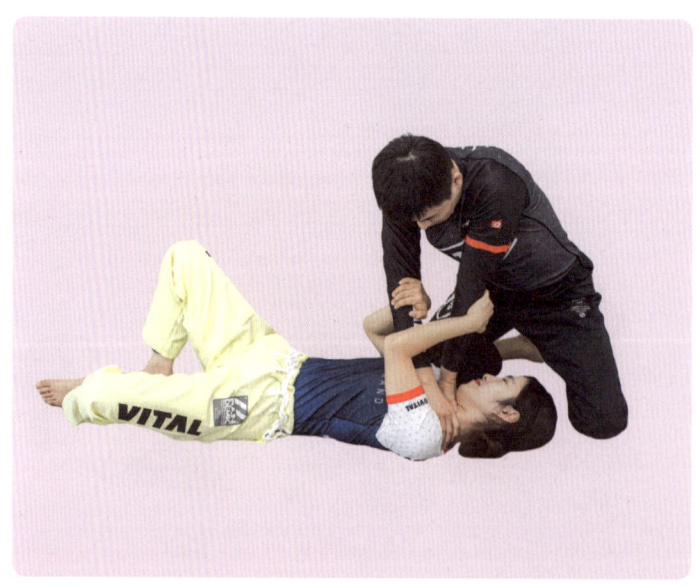

한쪽 정강이는 상대방의 겨드랑이에 끼고 다른 쪽 다리는 머리 위로 넘기며 암바 자세를 잡고 상대방을 넘어트립니다.

시나리오 10 | 상대방이 뒤에서 몸을 감아 공격할 때

1. 서있는 상태에서 상대방이 뒤에서 몸을 감아 공격할 때

상대방이 뒤에서 갑자기 양팔로 몸을 감을 때는 무방비 상태가 되어 공격받기 쉽습니다. 상대방이 팔을 풀어 공격하기 전에 상대방의 한쪽 손목을 감아줍니다(로우 키락).

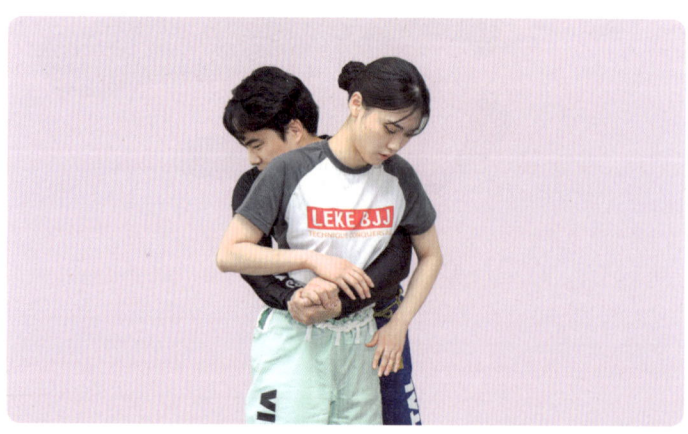

손목을 감아 잡고 있다가 상대방이 주먹으로 공격하기 위해 맞잡은 손을 푸는 순간, 팔을 바깥으로 꺾으며 상대방 뒤로 이동합니다.

상대방의 팔을 꺾으며 등 뒤로 돌아들어가 자세를 역전합니다.

상대방의 손목을 잡은 손을 풀면서 한쪽 팔은 상대방의 겨드랑이에 끼우고, 다른 팔로는 상대방의 목을 감습니다.

상대방의 팔을 당기고 목을 조르면서 제압합니다.

2. 앉은 상태에서 상대방이 뒤에서 몸을 감아 공격할 때

우선 상대방이 주먹을 휘두르는 쪽으로 두손을 펼쳐 방어하다가 주먹이 다 가오는 순간 상대방의 손목을 움켜잡습니다.

붙잡은 상대방의 손목을 머리 위로 넘겨서 반대쪽 어깨에 올립니다.

몸을 뒤로 밀어젖히며 상대방을 바닥으로 밀어 눕힙니다. 그리고 빠르게 몸을 틀어서 상대방과 마주하는 자세를 취합니다.

상대방 쪽으로 몸을 틀면서 엉덩이로 바닥에 놓인 상대방의 다리를 누릅니다. 그리고 상대방의 다리 사이에서 빠져나오며 한쪽 다리를 상대방의 몸 위로 올립니다.

상대방의 몸 위로 넘긴 다리의 무릎으로 바닥을 딛고 상대방의 몸 위로 올라탑니다.

3. 앉은 상태에서 상대방이 뒤에서 목을 조르려 할 때

상대방이 뒤에서 몸에 다리를 감고 팔로 목을 조르려 할 때는 상대방의 팔을 잡고 조르기를 방어하면서 뒤로 몸을 젖혀 상대방의 등이 바닥에 닿게 합니다.

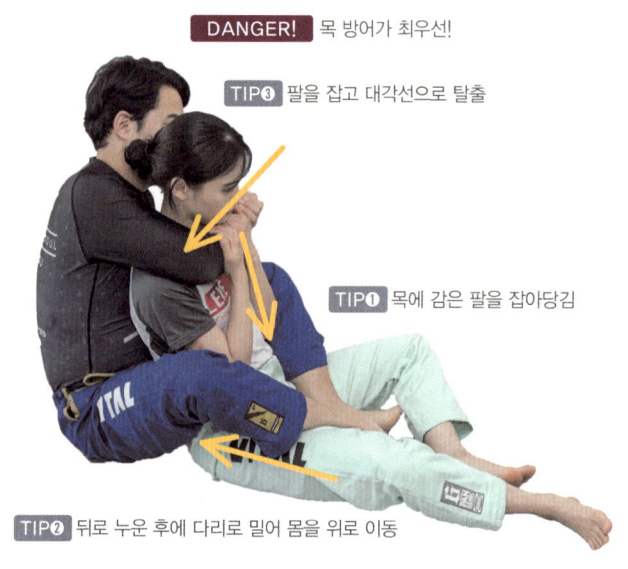

DANGER! 목 방어가 최우선!
TIP❸ 팔을 잡고 대각선으로 탈출
TIP❶ 목에 감은 팔을 잡아당김
TIP❷ 뒤로 누운 후에 다리로 밀어 몸을 위로 이동

상대방을 뒤로 눕힌 다음 무릎을 세우고 엉덩이를 들어올려 자신을 감고 있는 상대방의 다리가 풀리게 합니다. 그리고 나서 자신의 목을 감고 있는 상대방의 팔과 같은 쪽 다리 위로 엉덩이를 옮깁니다.

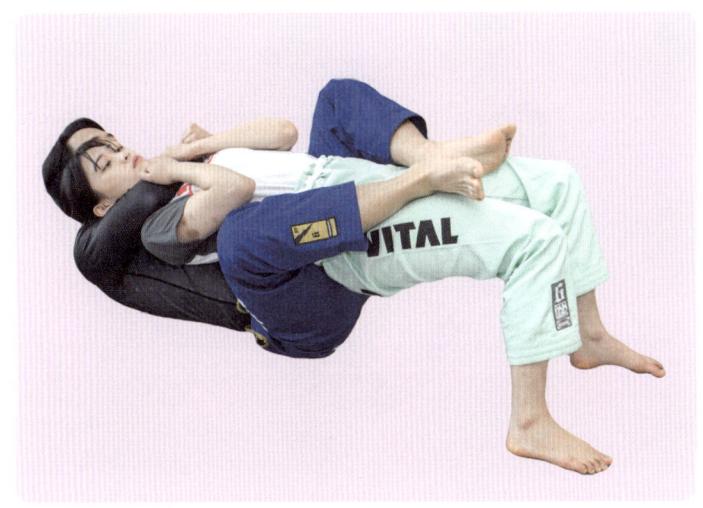

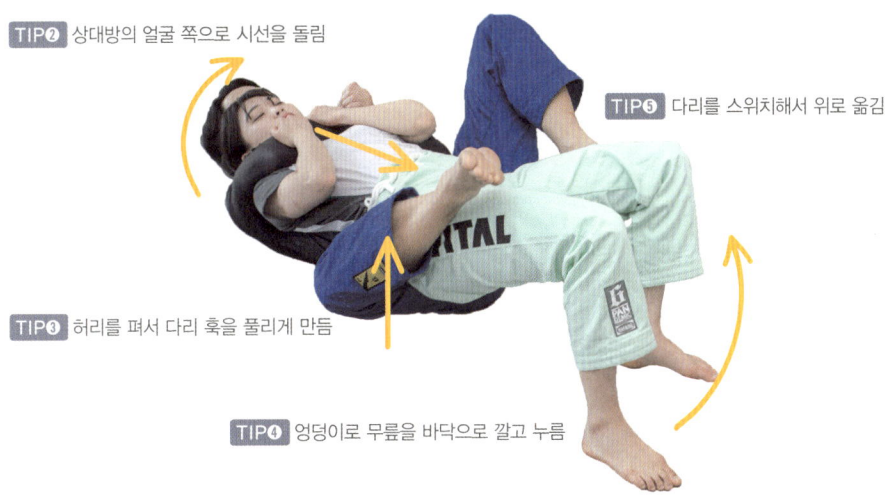

WARNING! 풀마운트 자세를 뺏기지 않게 주의
TIP① 목을 감은 팔을 잡아당김
TIP② 상대방의 얼굴 쪽으로 시선을 돌림
TIP⑤ 다리를 스위치해서 위로 옮김
TIP③ 허리를 펴서 다리 훅을 풀리게 만듦
TIP④ 엉덩이로 무릎을 바닥으로 깔고 누름

상대방과 얼굴을 마주하도록 몸을 돌리고 상대방의 다리 위로 엉덩이를 올려 누릅니다. 그다음 발을 바닥에 대고 몸을 옆으로 움직여 상대방의 다리 사이에서 빠져나옵니다.

상대방의 다리 사이에서 빠져나온 후, 위쪽 다리를 들어 상대방의 몸 위로 넘깁니다.

다리를 상대방 몸 위로 넘겨 상대방 몸 위에 올라타고 상대방 겨드랑이 부근까지 무릎을 대는 하이 마운트 포지션을 유지하며 상대방을 제압합니다.

시나리오 11 | 상대방을 안전하게 넘어트리는 방법

호신술 주짓수는 상대방을 넘어트리는 태클이나 메치기 등의 기술은 가급적 사용하지 않습니다. 하지만 실제 상황에서는 불가피하게 이런 기술들을 써야할 경우가 있습니다. 상대방이 다치지 않게 넘어트려 상황을 제압할 수 있는 방법을 알아봅시다.

1. 정면에서 상대방을 끌어안으며 넘어트리는 방법

상대방과 마주하며 대치하고 있는 상황입니다.
상대방의 주먹 공격을 피해 무릎을 꿇으며 자세를 최대한 낮춥니다.

상대방 정면으로 이동하며 상대방의 정강이를 잡습니다.

TIP❸ 주먹이 나오는 타이밍을 노림
WARNING! 상대방의 니킥에 주의
TIP❹ 옵션1 : 정강이를 밀어 넘김
TIP❷ 정강이에 어깨를 최대한 밀착
TIP❺ 옵션2 : 회전해서 오금을 밀어 넘김
TIP❶ 주저앉아 직선으로 태클

상대방의 정강이를 잡자마자 바로 몸을 회전하여 상대방의 오금 쪽에 어깨를 밀착시킵니다.

두 팔로 상대방의 정강이를 당기고 어깨로 오금을 밀어서 상대방을 앞으로 넘어트립니다. 이때 상대방을 앞으로 넘어트려 상대방이 손으로 바닥을 짚을 수 있게 하는 것이 더 안전합니다.

상대방이 완전히 바닥으로 넘어지지 않고 손을 짚고 버틴다면 잡고 있던
상대방의 다리를 들며 일어납니다.

TIP① 어깨로 오금을 푸시
TIP② 체중을 싣고 압박
TIP③ 정강이를 잡아 당김

상대방을 완전히 넘어트리기 위해서는 상대방의 몸을 흔들기보다 다리를 위로 들어올리는 것이 더 효과적입니다. 상대방의 다리를 잡고 있던 팔을 다리 안쪽으로 감고, 다리를 어깨 위로 올립니다.

상대방의 다리를 잡고 들어 올리면서 상대방의 배가 바닥에 닿도록 뒤로 이동합니다.

TIP❶ 두 팔을 한 방향으로 다리 감음
TIP❷ 다리를 들어올려 넘어트림
TIP❸ 버티면 뒤로 물러나서 넘어트림

2. 옆에서 상대방을 넘어트리는 방법

상대방을 넘어트리기 전에 상대방을 끌어안는(클린치) 방법을 알아 봅시다.
상대방이 주먹으로 공격할 때는 무릎을 굽히며 몸을 낮추어 피합니다.

다리를 뻗으며 상대방이 주먹을 휘두른 쪽 옆구리로 이동해 상대방의 몸통을 끌어안습니다.

호신술 주짓수에서는 상대방을 넘어트리는 것보다 등쪽으로 움직여 방어하는 것이 좋습니다.

상대방의 등으로 가려할 때 의도치 않게 헤드락에 걸릴 수도 있습니다. 만약 앞으로 헤드락이 걸린다면 목을 조르는 상대방의 팔을 잡고 머리를 치켜세우면서 다른 손으로 상대방의 턱을 밀면서 빠져나갑니다.

뒤쪽으로 헤드락이 걸릴 때는 다음과 같이 해봅시다. 일단 상대방 몸통을 끌어안습니다.

상대방의 몸을 끌어안고 최대한 뒤로 몸을 뺀 후에 안쪽 발을 상대방 발 뒤꿈치에 겁니다.

상대방의 발뒤꿈치에 건 발을 앞으로 차면서 자신의 중심을 뒤로 무너트려 넘어집니다. 이때 같이 넘어지는 상대방의 엉덩이가 먼저 바닥에 닿아야 상대방의 몸을 감고 있는 팔이 다치지 않습니다.

WARNING! 팔이 바닥에 깔리지 않게 주의

TIP❶ 목 잡힌 쪽으로 회전
TIP❷ 발로 뒷꿈치를 밀어 넘김
TIP❸ 엉덩이가 먼저 닿게 넘김
TIP❹ 넘어진 후 빠르게 올라탐

상대방을 바닥에 넘긴 다음 다리를 서로 엇갈리게 차면서 무릎을 꿇는 스위치 자세로 상대방을 옆에서 누릅니다.

3. 뒤에서 상대방을 끌어안고 넘어트리는 방법

상대방의 끌어안으며 방어하는 방법을 알아 봅시다.

두 손으로 얼굴을 방어하면서 상대방의 정강이를 차는 속임수 동작, 피사오 킥을 시도합니다. 상대방이 다리 방어에 신경을 쓸 때 그대로 몸을 낮추며 상대방을 끌어안습니다.

상대방의 허리를 끌어안은 상태에서 상대방 등 뒤로 움직입니다.

상대방이 손으로 공격하려 할 때는 재빨리 상대방의 손목을 잡습니다.

이때 상대방이 다른 손으로도 공격할 수 있으므로 이에 대비해 재빠르게 손목을 잡고 자신의 어깨를 상대방의 어깨에 대고 힘주어 밉니다.

상대방의 힘에 뒤로 밀리지 않도록 버티다가 자신의 시선이 향하는 쪽의 팔을 힘껏 들어올리며 상대방의 등 뒤로 돌아들어가 상대방의 몸을 끌어안습니다.

등 뒤에서 상대방을 끌어안고 자세를 낮추어 상대방의 반격에 대비합니다.

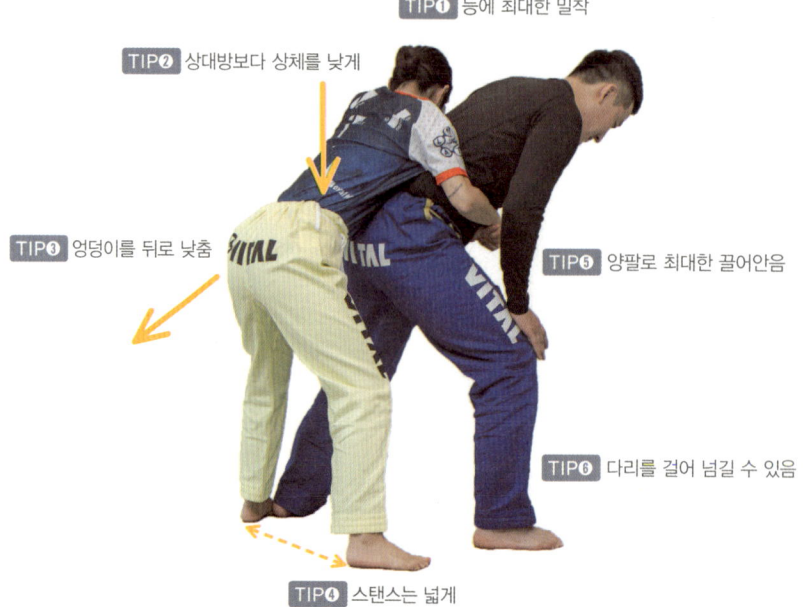

TIP❶ 등에 최대한 밀착
TIP❷ 상대방보다 상체를 낮게
TIP❸ 엉덩이를 뒤로 낮춤
TIP❹ 스탠스는 넓게
TIP❺ 양팔로 최대한 끌어안음
TIP❻ 다리를 걸어 넘길 수 있음

만약 상대방이 상체를 숙이고 있다면 목을 감아 제압하기가 어렵습니다. 이런 경우에는 상대방을 끌어안은 상태에서 살짝 몸을 떼고 두 발을 상대방의 오금에 올립니다.

두발로 상대방의 오금을 밀면서 몸을 감싼 손을 당겨 상대방이 뒤로 넘어지게 만듭니다. 이때 자신의 엉덩이를 먼저 바닥에 닿게 하면서 충격을 완화시킵니다.

상대방이 완전히 넘어지면 다리를 상대방의 무릎 안쪽으로 밀어 넣고 팔로 목을 감아 제압합니다.

WARNING! 상대방의 무게에 눌리지 않게 대비
TIP❶ 머리 방향은 상대방과 엇갈리게
TIP❷ 양발 훅은 안쪽으로 걸음
TIP❸ 눌리지 않게 상대방을 옆으로 흘림

시나리오 12 | 최악의 상황에서 사용할 수 있는 기술

스포츠 주짓수에서는 반칙으로 사용을 금하고 있지만, 실제로 위급한 상황에서 사용하게 되는 기술을 알아봅시다. 여기에서 소개하는 기술들은 상대방을 공격해 다치게 할 수 있으므로 반드시 위급한 상황에서만 사용해야 합니다.

1. 주짓수 무릎 밀어차기, 피사오 킥(Pisao Kick)

서로 마주보고 있는 대치상황입니다. 상대방이 공격 자세를 잡기 위해 앞으로 내민 다리의 정강이쪽으로 발을 들어올립니다.

상대방의 정강이쪽으로 들어 올린 발을 쭉 밀어 차면서 상대방의 무릎이 꺾이게 만듭니다. 상대방은 순간적으로 무릎이 꺾이는 고통으로 충격을 받거나 넘어지게 됩니다.

2. 해머링 주먹(Hammer Fist)

누운 상태에서 삼각조르기를 시도할 때 상대방이 거칠게 저항하는 경우에는 해머링 주먹으로 내려치며 방어합니다. 이 기술은 호신술 주짓수를 좀 더 원활하게 펼치기 위해 사용하는 것이므로 상대방의 부상이 크지 않을 부위를 가격합니다.

3. 팔꿈치 치기(Elbow)

팔꿈치나 무릎은 단단하고 부상의 위험이 적어 호신술에서 많이 사용하는 신체부위입니다. 상대방과 밀착되어 주먹으로 공격할 수 있는 공간이 없을 때는 팔꿈치로 상대방을 가격합니다.

4. 뺨 때리기(Slap) & 장권(Palm Heel) & 손날치기(Neck Slice)

손을 이용한 다양한 타격은 상대방에게 큰 부상을 입히지 않으면서 주짓수 기술을 원활하게 사용할 수 있게 도움을 줍니다.

상대방에게 손을 잡혀 손을 뿌리치기 어려운 경우, 다른 손을 들어 올립니다.

들어 올린 손으로 상대방의 뺨을 때립니다. 그다음에 손바닥 아랫부분으로 상대방의 턱을 치며(장권) 밀어 올립니다.

손이 안쪽으로 감긴 상태에서는 손날로 상대방의 목을 쳐서 공격합니다.

5. 스탬핑 킥(Stamping Kick) & 사커 킥(Soccer Kick) & 어퍼 킥(Upper Kick)

상대방의 얼굴을 발로 공격하는 기술은 치명적이어서 상대방이 흉기를 들고 공격하는 때와 같은 위급 상황에서만 사용합니다.

누운 상대방을 발로 가격하는 스탬핑 킥은 체중을 최대한 싣기 위해 발뒤꿈치로 상대를 가격합니다. 이때 상대방의 발에 걸려 넘어지거나 다치지 않으려면 상대방의 발을 잡아 옆으로 치웁니다.

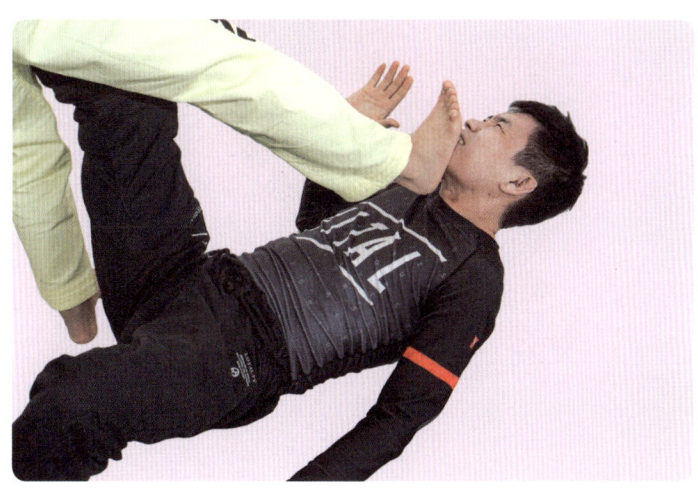

상대방의 얼굴을 스탬핑 킥으로 공격하기 어렵다면 옆으로 돌아가서 발등으로 상대 얼굴을 가격하는 사커 킥으로 공격합니다.

자신이 바닥에 누워있을 때도 킥을 사용할 수 있습니다. 상대방이 주먹으로 공격하기 위해 몸을 앞으로 기울일 때 상대방의 골반에 발을 대고 몸을 일으키면서 다른 발을 위로 차올리는 어퍼 킥으로 상대방의 턱을 공격합니다. 타격의 효과를 높이기 위해 체중을 실어 뒷꿈치로 공격하는 것이 효율적입니다.

6. 낭심차기(Low Blow) & 무릎치기(Knee Kick)

상대방이 자신을 끌어안고 밀어 넘어트리려 할 때는 다리를 뒤로 빼면서 버팁니다. 그리고 다리 한쪽을 뒤로 빼면서 무릎으로 상대방의 낭심을 노립니다.

무릎을 깊숙이 안쪽으로 밀어넣으며 낭심을 찹니다. 그다음 자신을 끌어 안은 팔이 풀렸을 때 두 손으로 상대방의 머리를 내리 누릅니다.

손으로 머리를 움켜잡아 움직이지 못하게 한 다음 무릎으로 상대방의 얼굴을 가격합니다.

7. 박치기(Head Butt) & 물어뜯기(Biting) & 눈찌르기(Thumbing)

상대와 밀착되어있으면 박치기를 사용할 수 있습니다. 이때는 머리를 움직일 수 있는 최소한의 공간이 확보되어야 합니다.

자신의 팔이 상대방의 어깨 위에 있는 경우에는 팔꿈치로 상대방의 머리를 가격하여 공간을 마련합니다.

상대방과 공간이 벌어졌을 때 순간적으로 머리를 옆으로 젖힌 후에 상대방의 머리를 가격합니다.

상대방이 뒤에서 목을 감았을 때는 상대방이 다음 공격을 시도하기 전에
상대방의 팔을 깨물어 목을 감은 팔을 풀게 합니다.

상대방과 마주한 상태에서 상대방이 팔로 목을 감아 조이는 상황에서는 벗어나기 쉽지 않습니다. 이때는 손가락으로 상대방의 눈을 누르며 밀어냅니다.

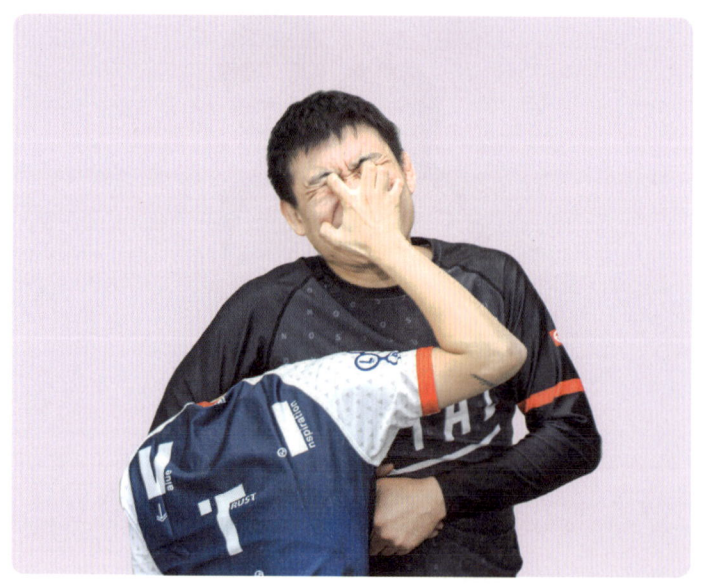

interview

주짓수 수련 사례(가족)

Q. 이름과 소속 체육관은?
A. 이름은 이호열입니다. 두 아들 이재민(17세), 이도건(13세)과 함께 루카스 레프리 코리아에서 주짓수 수련을 하고 있습니다.

Q. 본인 및 자녀분들이 주짓수를 시작하게 된 계기는?
A. 초등학교 6학년이 된 큰 아들 재민이에게 사춘기가 시작되었습니다. 부쩍 저와의 갈등이 늘어나게 되었고, 이를 지켜보던 아내가 남자들끼리 함께 몸을 부딪히며 운동을 해보길 권했습니다. 여러 무술 체육관들을 둘러보다 둘째 도건이가 주짓수를 마음에 들어했고, 주짓수가 무엇인지도 모르는 상태에서 시작하게 되었습니다.

Q. 본인 및 자녀분들이 주짓수를 수련하기 전과 수련한 후의 달라진 점은?
A. 저는 군대에서 허리디스크를 진단받아 20년간 허리통증에 시달렸습니다. 신기하게도 주짓수를 수련하다 보니 허리통증이 많이 사라졌습니다. 그뿐만 아니라 주3~4회 땀을 흘리며 운동하면서 콜레스테롤 수치도 낮아져 건강한 모습을 되찾았습니다. 또한 주짓수라는 취미활동으로 삶에 활력이 생겼고, 주짓수를 함께 배우는 사람들과도 좋은 관계를 맺게 되었습니다. 무엇보다도 아이들과 같은 관심사가 생기면서 대화 소재가 풍부해지고 대화 시간도 늘어난 것이 가장 좋습니다.
저희 아이들은 주짓수가 대중화되기 전에 수련을 시작하여, 다른 친구들이 주짓수를 배우기 시작할 때는 이미 주짓수 실력이 상당히 갖춰진 상태였습니다. 체력이 좋아진 것은 물론이고, 자존감 또한 높아졌습니다. 성인들과의 스파링을 통해 자신보다 힘이 세고 덩치가 큰 사람과 맞서도 이길 수 있다는 자신감을 갖게 되었으며, 처음 만나는 사람과도 스스럼없이 스파링을 하며 성격 또한 밝아졌습니다.

Q. 현재 운동하고 계신 체육관의 분위기는?
A. 남녀노소 모두 서로를 배려하며 모두 잘 어울리는 가족적인 분위기로 상당히 만족하고 있습니다.

Q. 호신술로서의 주짓수는 어떠한 장점이 있다고 생각하시는지?
A. 누군가의 공격을 받았을 때 상대방을 확실히 제압할 수는 없더라도 자신의 몸을 방어하면서 타인에게 도움 받을 수 있는 최소한의 시간을 확보할 수 있는 무술이라고 생각합니다. 특히 넘어진 상태에서도 방어와 공격을 할 수 있는 기술이 다양해서 스파링을 통해 꾸준히 수련하고 익히면 충분히 자신을 지킬 수 있을 것입

니다. 특히 여성들의 자기보호에 가장 적합한 운동이라 생각합니다.

Q. 주짓수 수련을 고민하시는 분들께 권하고 싶은 말씀은?
A. 혼자 수련하는 것도 좋지만, 가족과 함께 수련하는 것을 적극 추천합니다. 스킨십이 많은 편이라 가족관계도 좋아집니다.
　　마지막으로 주짓수를 수련하는 모든 분들이 항상 즐겁고 안전하게 수련하실 수 있길 바랍니다.